5G 더 빠른 연결의 시대

2019
IT 트렌드를
읽 — 다

5G 더 빠른 연결의 시대

2019

IT 트렌드를
읽 ― 다

5G 더 빠른 연결의 시대
2019
IT 트렌드를
읽 ― 다

중국의 현재는 우리의 미래다!

이임복 지음

천그루숲

여행의 진가는 수백 개의 다른 땅을
같은 눈으로 바라볼 때가 아니라
수백 개의 다른 눈으로
같은 땅을 바라볼 때 드러난다.
– 마르셀 프루스트

4차산업혁명의 이슈가 시작된지 벌써 3년째에 접어들었다. 그동안 세상은 무섭고도 빠르게 변했다. 변화의 파도 속에서 중심을 잡는 것은 쉽지 않다. 그래서 기존의 『IT 트렌드를 읽다』에서는 중심을 잡기 위한 기둥으로 소비자를 읽는 5가지 키워드 Rapid(빠름), Interactive(상호작용), Crowd(집단지성의 확장), Fun&Easy(쉽고 재미있는), Me(혼자)로 정리했다. 2019년에는 이 중에서 Rapid(빠름, 신속함)와 Me(혼)에 집중될 것으로 본다. 다른 키워드가 사라진 건 아니지만 언제나 그렇듯 본질은 단순해야 하기 때문이다.

Rapid는 우리가 쓰는 스마트폰의 속도가 빨라졌고, 5G가 시작되는 인터넷 환경이 빨라지는 데에서 시작된다. 빨라진 속도만큼이나 우리의 생각도 빨라졌다. 가장 아날로그적인 인간이 가장 디지털화된 스마트폰을 하루 24시간 들고 다니며, 수많은 디지털 데이터를 만들어 낸다. 이런 빅데이터는 4차산업혁명 시대의 핵심이 됐다. 빨라짐은 간편함으로 바뀌었다. 간편쇼핑, 간편결제, 간편승인에서 간편투자에 이르기까지 다양한 걸 할 수 있게 됐다.

Me, 혼자 있거나 혼자 있기를 갈망하는 사람들과 연관되는 IT기술 역시 많다. 소유가 아닌 공유의 시대로 접어들면서 O2O 서비스가 뜨기 시작해 배달·숙박은 물론 차량의 공유로 이어지고 있다. 개인화된 탈 것인 퍼스널 모빌리티의 성장, 반려로봇의 성장에도 이 키워드는 핵심이다.

Rapid와 Me, 이 두 개의 키워드는 각각 다르게 나타나지 않고 복합적으로 적용된다. 유튜브를 비롯해 페이스북의 워치, 인스타그램의 IGTV, 틱톡과 같은 영상 서비스들이 성장하는 이유와 크리에이터들의 성장, 누구나 하나쯤은 가지게 된 집안의 비서 AI 스피커 등 대부분의 IT 이슈는 Rapid와 Me, 이 두 개의 키워드에서 시작된다. 그래서 2019년의 대표 키워드를 'Rapid와 Me, 빨라졌지만 혼자 있는'으로 정했다. 이 책에서는 Rapid와 Me 두 키워드를 바탕으로 어떻게 IT기술들이 발전하고 있는지를 좀 더 자세하게 알아볼 예정이다.

마르셀 프루스트의 말처럼 우리는 저마다 각자의 눈으로 각자의 세상 속에서 각자의 삶을 살아간다. 복잡한 세상 속 다양한 이야기들은 때론 내게 필요하기도 하며 때론 나와 전혀 상관없어 보이기도 한다. 모두가 한 방향을 바라본다고 해서 나 역시 그쪽을 바라볼 필요는 없다. 모두가 달리기 시작한다고 해서 같이 뛰어야 할 필요는 없다. 하지만 모두가 흔들릴 때 흔들리지 않기란 어렵다. 이를 위해서는 용기가 필요하고 이런 용기는 내가 지금 서 있는 곳이 어디이고, 어떤 상황인지를 잘 아는 자신감을 필요로 한다.

복잡한 세상 속 느긋한 여행을 즐길 수 있는 방법, 이런 자신감을 얻을 수 있는 방법 중 하나는 좋은 가이드와 좋은 안내서를 얻는 일이다. 나는 당신을 위한 가이드가 되려 한다. 이 책이 복잡함으로 가득 찬, 따라가지 않으면 뒤처질 것 같은 압박감에서 조금이나마 당신을 돕는 안내서가 되기를 바란다. 이제 2018년의 문을 넘어 2019년을 위한 길을 함께 걸어보자.

이임복

차례

중국의 현재는 한국의 미래다

2018년 11월 초, 짧은 일정으로 베이징을 다녀왔다. 빠르게 성장하는 중국이 과연 얼마나 빨라졌는지 확인하기 위해서였다. 그동안 IT 트렌드를 이야기하며 많은 것을 읽고 보고 생각하고 쓰고 말하는 중 가장 많이 언급한 나라는 '중국'이었다. 과연 중국은 우리보다 얼마나 앞서 있을까? 출발하기 전까지도 주변에서 우리나라보다 낙후된 곳을 왜 가느냐는 이야기를 많이 들었다. 그럴 리가? 이미 우리나라보다 2~3배는 앞서 있다고 확신하고 있었기에 신경쓰지 않았다. 베이징에 도착하고 3일째 되는 날 생각이 바뀌었다. 2배, 3배가 아니라 5배는 앞서 있는 것 같았다. 그리고 확신했다.

'중국의 현재는 한국의 미래다!'

본 것도 많고 생각도 많았지만 크게 공유, QR, 무인화, 배달의 4가지로 정리해볼 수 있었다. 하나씩 살펴보자.

공유

'규제 프리' 中 공유 경제 빅뱅... 보조배터리·우산까지 공유

중국에서 가장 흔하게 볼 수 있던 것 중 하나가 '주황색 자전거'였다. 바로 공유자전거 업체 '모바이크'의 자전거다. 국내에서는 수원에서 서비스를 하고 있는데, 중국에서는 생활 그 자체였다. 그만큼 많고, 그만큼 구석구석 방치되어 있는 자전거도 많았다. 그런데 '공유'는 자전거로 그치지 않았다. 우리가 생활하면서 필요한 많은 것들에 '공유' 서비스가 적용되어 있었다.

특히 놀랐던 건 '공유충전기'다. 스마트폰이 꺼지는 걸 두려워 하는 시대이다 보니 어디서나 충전이 필요한 건 당연한 일이 됐는데, 배터리를 충전하는 것도 가지고 다니는 것도 참 귀찮은 일이다. 그런데 중국에서는 모두가 '공유충전기'를 이용하고 있었다. 자신의 충전단자와 맞는 충전기를 대여해 충전하면서 돌아다니다가 반납할 때에는 같은 기기가 놓여 있는 아

무 매장에 들어가 반납하면 된다. 보증금은 100위안약 15,000원이고, 하루 이용료는 10위안약 1,500원으로 저렴한 편이다. 공유충전기를 서비스하는 업체는 '지에덴커지'로 중국 전역에 30만개 이상의 오프라인 가맹점을 확보했고, 월 사용자는 6,000만명에 달할 정도로 성장한 회사다. 국내에서도 2019년, 스마트기기 액세서리 제조기업 '디자인'에서 '코끼리박스'라는 이름으로 공유충전기가 정식 서비스될 예정이다.

중국 공유 배터리 플랫폼 한국에 들어온다

공유 우산이 있는 것도 놀라웠다. 과연 이게 사업이 될 수 있을까? 충전기나 자전거와는 다르게 우산은 왠지 분실 위험이 더 클 것 같다. 역시나 2017년 서비스를 개시한 이후 3개월만에 30만개의 우산이 분실되었다고 한다. 하지만 업체는 포기

중국 '공유우산' 분실률 '100%'…그럼에도 사업 지속하는 이유는?

하지 않고 오히려 3,000만개의 우산을 더 뿌리겠다 선언했다. 성공했을까? 우산의 가격을 낮추고, 우산 자체를 광고판으로 만들며, 비가 올 때 사람들의 이동경로를 빅데이터로 분석하는 등 다양한 사업모델을 적용하고 있으니 지켜봐야 겠다.

QR

결제시장 점령한 'QR코드' … 선택받은 이유는?

중국은 QR로 시작해서 QR로 끝나는 나라다. 길거리 어디에나 걸려 있는 광고판에는 QR코드가 적용되어 있다. 큰 쇼핑몰뿐 아니라 편의점의 상품들에도 모두 전자가격표시기가 달려 있어 QR코드를 인식해 상품에 대한 자세한 정보를 볼 수 있

고, 테이블에 있는 QR코드는 메뉴판과 연동은 물론 주문까지 가능하게 만들어져 있었다. 점원들은 목에 QR코드가 인쇄된 목걸이를 차고 있고, 찍으면 바로 회원 가입을 할 수 있는 사이트로 이동된다.

버거킹도 마찬가지다. 계산대도 키오스크도 없이 QR코드를 인식해 주문이 가능하다 보니 줄을 설 필요가 없는 게 장점이었다.

이처럼 QR코드의 생활화는 결국 시간을 절약해 주고, 현금 없는 사회를 촉진시킨다. 현금을 들고 다닐 필요가 없으니 잔돈을 준비할 필요도 없고, 은행에 돈을 맡기러 갈 필요는 더더욱 없다. 현금이 필요 없는 사회, 카드 결제도 필요 없는 사회, 알리페이와 위챗페이가 성공을 거두는 이유와 이들이 만든 인터넷전문은행들이 성공한 이유를 여기에서 엿볼 수 있었다.

무인화

무인점포에서 로봇에 이르기까지 베이징 여기저기에서 무인화된 사회를 볼 수 있었다. 하지만 이 중에서도 가장 충격을 준 건 전 세계 300개 이상의 매장을 가진 훠궈 전문점 '하이디라오'의 첫 로봇 매장이었다. 마치 자동차 공장의 로봇팔을 보는 것과 같은 이곳은 식당이다. 로봇팔들은 일사분란하게 정해진 재료를 꺼내서 올려놓고 있었다. 장점은 밀폐된 공간에서 사용가능하기 때문에 오염에서 자유롭고 재료를 신선하게 유지할 수 있다는 점이다.

"재료 손질부터 서빙까지" 中 훠궈 로봇 음식점 오픈

식당 내부에는 10대의 자율주행 로봇들이 훠궈에 들어갈 재료를 주문이 들어온 테이블까지 운반하고 있었다. 로봇들은 귀여운 눈을 움직이며 연신 '죄송합니다. 지나갈게요'라는 말을 하며 지나다녔다. 오래도록 지켜봤지만 사람과의 충돌은 전혀 없었다. 이 모습을 보며 '결국은 로봇의 도입이 사람의 일자리를 뺏는 게 아닐까?'라는 생각을 할 수도 있다. 하지만 좀 다르게 생각해 보자. 왜 로봇에게 일을 시키는 걸까? 사람이 노동을 덜어 편하게 지내기 위해서다. 따라서 로봇을 발전시켜야 하는 분야는 사람이 잘하는 일을 빼앗는 게 아니라 육체적 노동이 들어가는 일, 지속적으로 반복되면 하기 싫어지는 일을 대신할 수 있는 분야이다.

이를 증명하듯 매장에서 사람들에게 그리 주목받지 못하는 로봇 하나를 더 발견할 수 있었다. 바로 빈 그릇을 주방으로 반납해 주는 로봇이었다. 매장에서 QR코드나 태블릿PC로 주문하게 되

면 하이디라오에서는 아이패드로 메뉴판을 대신하며 주문도 바로 할 수 있다 고객은 종업원을 부르지 않아도 되고, 종업원 역시 주문을 기억할 필요도 여기저기 딩동벨 소리에 고개를 돌려 뛰어다닐 필요도 없다. 무거운 요리 재료를 가져다 주는 것도 로봇이 대신한다. 요리가 잘못 배달되는 일도 없다. 게다가 무거운 접시들은 로봇이 주방에 반납해 준다. 이렇게 정신적·육체적 노동강도를 줄일 수 있다면 한 번이라도 더 고객들에게 웃음을 짓는 일도, 더 좋은 서비스를 하는 일도 가능하지 않을까? 로봇 음식점 하이디라오에서 본 건 로봇에게 일을 빼앗기는 관계가 아닌 사람과 로봇이 함께 일하는 가까운 미래의 모습이었다.

무인화에 더해지는 건 '안전성'이었다. 하이디라오는 매장의 스크린을 통해, 커피전문점 Luckin coffee는 앱을 통해 음식이 만들어지는 과정을 투명하게 보여주고 있었다.

배달

마지막은 '배달'이었다. 길거리 어디에서나 파란색과 노란색의 배달 오토바이를 볼 수 있었다파란색은 어러머, 노란색은 메이퇀으로 시장을 양분하고 있다. 진정한 배달의 민족은 중국인 것 같았다. 언제 어디서나 배달앱을 통해 무엇이든 주문할 수 있다. 샤브샤브, 생선구이, 오리구이, 담배, 주류, 의약품, 전자제품, 꽃 등 생각할 수 있는 모든 것들을 주문하고 있었다. 약국을 갈 시간이 없다면? 배달하면 된다. 급하게 스마트폰 충전기가 필요한 상황이라면 역시 배달하면 된다. 게다가 앱을 통해 누가 언제 배달을 오는지 실시간으로 확인할 수 있었다.

중국의 스타벅스는 2018년 7월부터 어러머와 손 잡고 배달 서비스를 시작했다. '공간'을 파는 스타벅스가 '커피'를 배달하기 시작했다는 건 충격적이다. 이유는 루이싱 커피Luckin coffee 때문이다. 2017년 10월 28일 베이징에 1호점을 낸 후 4개월만에 시장점유율 5%를 점유하며 660개의 매장으로 키워냈다. 여기에는 매장에 계산대가 아예 없어 스타벅스의 사이렌오더처럼 앱으로 주문한다. 앱을 설치하고 회원 가입을 하면 1잔

배달의 천국 중국에 결국 무릎 꿇은 스타벅스

공짜, 친구에게 앱을 추천하면 1잔 공짜, 2잔을 사면 1잔 더, 5잔을 사면 5잔을 무료로 주는 공격적인 마케팅과 '커피도 배달, 30분을 넘으면 공짜'라는 요소들이 적용되었기에 가능한 일이었다. 이 정도로 '배달'은 중국인들의 생활에 깊숙이 들어와 있는 걸 확인할 수 있었다.

15억의 커피 시장, 외국산 스타벅스 vs 토종 루이싱 용호상박

그렇다면 '카카오'가 꿈꾸는 미래의 모습은 '위챗'으로 연결되어 있는 중국의 현재 모습이 아닐까? 위챗은 메신저 기능뿐 아니라 메신저 앱 안에서 수많은 서비스들이 연결되어 물건을 사는 것은 물론 결제까지 할 수 있다. '배달의 민족'이 꿈꾸는 미래의 모습은 배달로 시작해 모든 O2O를 접목시킨 '메이퇀'일 수도 있다.

14억 중국인의 생활 도우미, O2O 공룡 메이퇀

QR코드 간편결제 시장이 시작되고, 자율주행차와 전기차 시장의 초입에 있는 우리나라는 IT기술 전체는 아니더라도 우리 주변의 '일상 IT'만큼은 중국에 뒤져 있다. 따라서 중국의 현재는 우리가 가는 미래의 모습 중 하나다. 그렇다면 지금 우리는 어떻게 해야 4차산업혁명의 시대에 살아남을 수 있을까? 조직뿐 아니라 개인의 차원에서도 어떤 것을 준비해야 할지 'IT 트렌드'를 함께 읽고 생각해 보자.

Part 1

변화의 시대!
변하지 않는 열쇠,
트렌드를 읽다

변화의 시대, 본질이 중요하다

: : 앞으로 10년, 변하지 않는 것은 무엇일까?

아이폰이 국내에 들어온지 10년이 지났고, 4차산업혁명이라는 이야기가 나온지 2년이 지났다. 그동안 모든 것이 빠르게 변했다. 변화에 뒤처지지 않기 위해서는 트렌드를 쫓아야 하는데, 변화의 속도를 이해의 속도가 따라가기 힘든 시대가 되었다.

그렇기에 '앞으로 10년, 변하는 것은 무엇인가?'를 찾는 건 의미없는 일이 됐다. 변화가 아닌 본질을 쫓아야 하는 이유가 여기에 있다. 본질을 쫓는 질문은 '앞으로 10년 동안 변하지 않는 건 무엇일까?'다. 10년이 지나도 변하지 않는 것을 찾아 그것을 지켜간다면 우리는 10년 후에도 살아남을 수 있을 것이다. 해마다 『IT 트렌드를 읽다』에서 '본질이 중요하다'는 이야기를 꾸준하게 언급했다. 아마존의 제프 베조스도 같은 이야기를 했다면 좀 더 신뢰할 수 있지 않을까?

Jeff Bezos' brilliant advice for anyone running a business

---

amazon.com

아마존 방식 오프라인
소매업을 보여주다

인터넷서점에서 시작했던 아마존은 그들의 로고처럼 A부터 Z까지 '모든 걸 다' 파는 회사가 됐다. 이게 아마존의 본질이다. 아마존의 본질은 '파는 회사'다. 이 본질 위에서 앞으로 10년 동안 변하지 않을 것에 대해 제프 베조스가 내린 답은 '낮은 가격과 빠른 배송'이다. 아무리 세상이 변해도 사람들은 높은 가격으로 물건을 사지 않을 것이고, 느린 배송을 원하지 않을 것이다. 이 생각 위에서 아마존은 드론을 띄우고 오프라인 매장을 열고 전자렌지부터 시계까지 다양한 것들을 만들어 내고 있다.

앞으로 우리가 해야 할 것도 마찬가지다. '앞으로 10년, 변하지 않는 것은 무엇인가?' 이에 대한 답을 찾기 위해서는 먼저 무엇이 변했는지 알아야 한다. '4차산업혁명의 시대다' '아니다. 아직 도래하지 않았다' 이런 말에 현혹되지 말자. 당장 대박이 날 수 있는 사업아이템이란 말에도, 투자만 하면 20~30배로 벌 수 있다는 가상화폐에 대한 말에도 현혹되지 말자. 과거에 무슨 일이 있었는지를 통해 현재를 정확히 보고 미래를 향해 올바른 중심을 잡도록 하자.

:: 본질 = 연결과 커뮤니케이션
4차산업혁명의 시대, 다양한 장비와 다양한 서비스들이 빠른 속도로 나타나고 있다. 하지만 본질은 단순하다. '연결'과 '커뮤니케이션'이다. 모든 기술은 사람과 사람 간의 연결을 더 빠르게, 사람과 사람 간의 커뮤니케이션을 더 정확하게 만드는 방향으로 발전해 왔다. 그래서 앞으로 10년, 변하지 않을 핵심 키워드는 '연결과 커뮤니케이션'이다.

전화 통화 꺼리는 디지털 필담족(筆談族)

24시간 스마트폰을 손에 들고 다니며 다양하고 무수히 많은 데이터를 쏟아내는 빅데이터의 시대이자 초연결의 시대, 이 시대는 사람과 사람 간의 대화방식이 전화에서 챗_{문자}으로 옮겨 가고 있다.

더 나아가 사물인터넷의 시대가 완성되면 모든 기기들은 서로 '소통'을 하기 시작한다. 가전제품을 생각해 보자. 퇴근할 시간이 되면 차량과 청소기가 각각 메시지를 보내 언제 퇴근하는지 묻는다. 냉장고는 우유와 계란이 떨어졌는데 주문해도 되냐고 묻는다. 이 모든 물음에 대해 실시간으로 답을 하지 않으면 생활이 엉망이 될 것이다. 어떤가? 끔찍하다. 그래서 우리는 집의 사물들을 통제해 우리의 의사를 정확히 전달해 줄 하나의 메신저가 필요하다. 이것이 바로 '인공지능'이다. 이 때문에 많은 회사들은 스마트홈의 핵심인 '인공지능'을 선점하기 위해 TV, 스피커, 냉장고 등의 가전제품에 인공지능을 적용하고 있다.

그러니 관련 사업을 준비하고 있거나 운영하는 중이라면 지금 우리의 서비스는 충분히 연결되어 있고, 커뮤니케이션을 제대로 하고 있는지에 대해 반드시 고민해야 한다. 24시간 동안 모두와 모두가 연결된 세상, 이 세상에서 어떻게 더 빠르고 정확하게 소통하며 바르게 연결될 것인가가 모든 서비스의 본질이다.

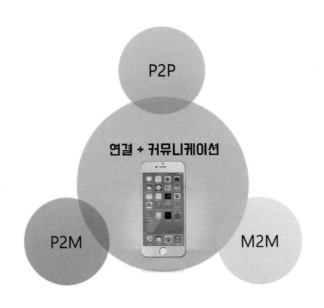

이 연결의 중심에 '스마트폰'이 있다. 앞으로 10년, 접어지고 구부러지고 휘어지는 스마트폰이 나오겠지만 그 본질은 변하지 않는다. 가장 아날로그적인 인간을 가장 디지털적인 세계와 연결시켜 주는 도구가 바로 스마트폰이기 때문이다. 기업들의 전략은 이제 Mobile first가 아닌 Mobile only이다. 일례로 배달의 민족은 더 이상 웹으로 주문을 받지 않는다. 100% 앱으로만 가능하다. 웹은 죽고 앱만 살아남았다. 사람들 간의 대화도 PC가 아닌 모바일에서, 웹이 아닌 앱에서 이루어지고 있는데 과거의 대화방식만 고집한다면 도태될 수밖에 없다.

유통 패러다임이 바뀐다

배달의민족, 이제는 더 간편하게 앱으로 만나보세요!

앱 설치주소 메시지로 받기

 보내기 →

개인정보 수집/이용에 동의합니다. 내용보기

Smart 1.0의 시대, 기억해야 할 키워드

연결과 커뮤니케이션이란 본질 위에 앞으로 10년 동안 변하지 않을 키워드 중 Rapid와 Me는 꼭 기억해 두자.

:: Rapid – 신속함, 간편함, 빠름

이제 우리는 더 이상 카메라를 가지고 다니지 않는다. 정말? 아니 카메라는 가지고 다니지 않지만 스마트폰카메라은 항상 가지고 다닌다. 그렇기에 어디서나 빠르게 사진을 찍을 수 있다.

밥을 먹을 때에는 밥만 먹으면 되는데, 기도는 잊더라도 꼭 챙기는 게 있다. 바로 사진이다. 사진을 찍은 후에는 어떻게 할까? 당연히 SNS에 공유한다. 사진을 찍고 공유하는 시간은 채 1분도 걸리지 않는다. 당신이 맛있는 비빔밥 집을 운영하고 있는데 손님이 비빔밥을 보고 바로 숟가락을 대며 '진짜 맛있겠다'라고 했다면 절반만 성공한 것이다. 우선 스마트폰을 꺼내

limboklee

limboklee #전주 #한국관 #육회비빔밥

아침부터 3시간 서둘러 운전해 달려왔으니

이건 먹어줘야...

hyokjin.kang 오늘 제 주변에 전주 가시는 분들이 많네요 ㅎㅎ 잘다녀오세요 ㅎㅎ

sangkap.chin 맛있게 드세요~~

좋아요 23개

3월 10일

사진을 찍어야 한다. 이제 음식은 눈으로 한 번, 입으로 한 번, 두 번 먹는 시대가 됐다.

기업들이 SNS를 잘 활용해야 하는 이유가 여기에 있다. 누구나 쉽게 검색을 통해 '정보'를 알 수 있는 시대이기 때문에 고객들에게 좀 더 진실되고 바르게 접근해야 한다. 어떤 역사

Google My Business

역전회관

Congrats! You got a 5-star review

★ ★ ★ ★ ★

역전회관

를 가진 곳인지, 어떤 음식이 있는지, 심지어 어떻게 음식을 만들어 내는지 등 진심 어린 접근이 필요한 때다. 1928년에 시작해 지금까지 인기있는 음식점 '역전회관'의 인스타그램은 그 좋은 예이다.

2018년 Rapid를 보여주는 변화 중 하나는 '인터넷 속도'인데, 여기서는 두 가지를 주목해야 한다.

스마트폰 데이터 폭증시대..."20GB 전용 요금제는 없나요?"

먼저 통신사들이 내놓은 '무제한 요금제'다. LG유플러스는 월 88,000원에 속도 제한없이 LTE 데이터를 무제한으로 사용할 수 있는 요금제를 내놨고, SKT는 10만원대의 데이터 무제한 인피티니 요금제, KT는 89,000원의 데이터온 프리미엄 요금제를 각각 선보였다. 여기에 다른 기기에서도 연결해 쓸 수 있는 테더링 용량까지 40~100GB씩 각각 제공하니 이제 어디서나 요금에 대한 고민 없이 마음대로 인터넷을 쓸 수 있는 시대가 되었다. 통신사들이 이런 요금제를 내놓은 가장 큰 이유는 '동영상'의 시대에 접어들었기 때문이다. 영상들이 고화질로 제작되는데 정작 요금 폭탄이 두려워 보지 못한다면 시장은 위축될 수밖에 없다. 다행히 무제한 요금제 덕분에 많은 사람들이 부담없이 고화질 영상을 볼 수 있게 되었고, 누구나 실시간 방송을 할 수 있게 되었다. 그렇다 보니 집에서도 와이파이 연결없이 LTE만 켜놓고 생활하는 사람들이 늘고 있다.

12월 1일 5G 첫 전파 송출...이통사 선점경쟁 후끈

두 번째는 5G 시대의 돌입이다. 2018년 내내 기업들은 저마다 5G5세대 이동통신의 선두주자라고 광고를 했다. 4GLTE 환경에서 800Mb 영화를 다운 받는데 걸리는 시간이 40초라면, 5G 시대에는 1초면 된다고 하니 이 정도면 초속으로 모든 것

들이 연결되는 시대가 되는 것이다. 사물인터넷의 핵심을 5G 라고 하는 이유가 여기에 있다. 5G는 2018년 12월 이후 제한 적으로 사용되기 시작해 2019년 상용화될 예정인데, 앞서 이 야기한 LTE 무제한 요금제와 5G 요금제의 구분도 예전 3G 무제한과 LTE 요금제의 시대와 비슷해질 것으로 보인다.

동영상
모든 게 실시간으로
연결…'초연결시대'
이끌 5G 기술

결론은 어디서나 빠르게 실시간으로 연결된 세상이 됐다는 것이다. 심지어 이제는 비행기 안에서도 인터넷을 사용할 수 있다. 최근 국내 일부 항공사들은 비행기 내부에서만 사용할

항공기 와이파이 이
젠 대세로

수 있는 와이파이를 통해 영화와 읽을거리를 제공 하고 있다. 에미레이트, 델 타, 아메리카에어 등의 해 외 항공사들은 이미 기내 와이파이 서비스를 제공하 고 있기 때문에 우리나라 의 다른 항공사들도 2019 년부터는 확대적용될 것으 로 보인다.

이스타, 기내 엔터
테인먼트 서비스
'STAR TV' 운영

이처럼 어디서나 연결되고자 하는 사람들의 니즈를 충족시 켜 주지 않는다면 사람들의 관심도 떨어질 수밖에 없다. 와이 파이가 제공되는 환경은 이제 필수다. 아직까지 고객들에게 와 이파이를 제공하고 있지 않고 있다면 지금 당장 설치를 권한 다.

Rapid가 가져온 빠름은 실시간과 간편함으로 이어진다. 유

튜브를 비롯한 다양한 채널에서는 편집 영상뿐 아니라 실시간 방송도 많아지고 있다. 간편함은 간편승인, 간편결제, 간편송금, 간편투자 등 다양한 영역에서의 핀테크로 이어졌다.Part 3 핀테크 참고 다만 실수하기도 빨라졌다는 건 조심해야 한다. 사진과 영상, 글을 실시간으로 빠르게 올릴 수 있게 되면서 리스크 역시 빠르게 커지고 있다. 개인이나 조직 구성원들은 이제 글 하나를 올리더라도 한 번 더 고민하고 엔터키를 눌러야 한다. 특히나 문제가 되는 건 '가짜뉴스'다.

2018년 2월에 있었던 '박항서 감독' 사건이 대표적이다. "훈련이 힘들면 스스로 나가면 된다'라고 말하며 '오직 국가와 민족을 생각하며 훈련에 임하자'고 강조했다"면서 힘든 훈련에 반발하던 베트남 선수들이 이 말을 듣고 최선을 다했다는 내용이 〈박항서 감독의 교훈〉이라는 칼럼으로 등장했다. 그런데 이 글은 박항서 감독의 글이 아닌 한 네티즌이 인터넷 게시판에 올린 가짜뉴스였다. 그리고 이 글로 인해 검증되지 않은 가짜 글들이 일파만파 퍼졌다. 팩트체크가 중요해진 이유이자 페이스북이 가짜뉴스와의 전쟁을 선포한 이유도 바로 이런 '가

팩트체크
언론이 키운 '박항서 감독' 가짜뉴스

짜뉴스'의 파급 속도 때문이다.

한 번 쏟은 우유는 다시 담을 수 없고, 한 번 뱉은 말은 주위 담을 수 없다. '카카오톡'에서 카톡을 잘못 보낸 경험은 누구나 한 번쯤은 있을 것이다. 다행히 2018년 9월 이후부터는 지웠다는 흔적은 남지만 잘못 보낸 내용은 지울 수 있게 됐다. 빨라진 세상에 대한 또 하나의 대응이다.

블로그
카카오톡 보낸 메세지 지우기

Rapid로 인해 사람들은 '느림'에 대해 다시 한 번 생각할 수 있는 기회를 얻기도 한다. 2017년 시작해 2018년 시즌 2를 마지막으로 종영한 〈효리네 민박〉은 조금 느리지만 편안한 제주에서의 삶을 보여줬고, 이는 '제주에서 한 달 살기'로 사람들을 이끌었다. 〈숲속의 작은 집〉은 말 그대로 숲속 작은 집에서 수도와 전기 없이 1박 2일, 2박 3일간 자급자족하는 삶을 보여줬고, 〈도시어부〉 역시 '낚시'라는 소재로 도시생활에서 벗어난 슬로우 라이프를 보여주며 성공한 예능으로 자리잡았다

이들의 공통점은 '현실적인 느림'이다. Rapid가 가져온 세상과 이에 따른 사업기회들을 찾기 위해 '우리의 서비스는 충분히 빠른가?' 또는 '조금 느리지만 확실한 서비스를 도입할 수 있을까?'라는 질문을 스스로에게 던져 보자.

동영상
#도시어부 편 #햇썰

:: Me – 혼

2035년에는 우리나라 인구의 35%인 763만 가구가 1인가구가 된다고 한다. 옆 나라 중국도 1인가구가 8,000만을 넘어섰다. 덕분에 미니가전 매장, 혼밥 식당, 배달 서비스 등이 호황을 누리고 있다.

中 '1인가구' 8천만…
'싱글 시장'을 잡아라

역세권? 이제는 올
세권

앞으로 이 숫자는 늘면 늘었지 줄지는 않을 것이다. 따라서 '혼'은 앞으로도 10년은 더 지켜봐야 할 키워드다. 국내에서는 '편세권' '스세권' '맥세권'이라는 말까지 생겨났다. 집 근처에 편의점, 스타벅스, 맥도날드가 있느냐 없느냐에 따라 집값이 영향을 받는다는 말로, 역세권에는 비싸서 살지 못하는 1인가구들에게 약간은 슬픈 말이다.

대형평수가 많은 용인지역에서는 '투하우스'가 등장했다. 큰 평수는 입주할 사람이 없으니 집을 쪼개서_{입구를 따로} 임대를 주는 개념이다. 〈미운우리새끼〉라는 예능프로그램에서 이상민 씨가 남의 집을 절반만 빌려서 살던 걸 생각하면 된다.

이제 1인가구는 거주의 문제를 넘어 산업 전반에 걸쳐 영향을 미치고 있다 보니 이들을 고려하지 않고서는 어떤 사업도 하기 힘든 세상이 되었다.

'ATM 영토 넓혀
라'…편의점 손 잡는
은행들 왜?

중고폰 거래에 세탁
소·정육점 무한변신

해마다 매출이 상승하고 있는_{물론 개개의 편의점 매출이 아닌 편의점 업계의 매출 이야기다} 편의점은 이제 멀티샵으로 바뀌고 있다. 은행들은 자체적으로 ATM 기계를 유지관리하려니 비용도 많이 들고, 영업점의 숫자보다 편의점이 많다 보니 저마다 편의점과 제휴를 하고 있다. 세탁물을 맡기는 일에서, 전기차 충전에 이르기까지 편의점은 모든 것을 척척 해내는 만물박사가 되고 있다.

주 52시간제 도입 후
매출증가 1위는 '문
화센터'

건강에 대한 욕구 역시 꾸준히 증가하고 있다. 주 52시간 근무제가 시작되며 운동시설과 문화센터가 카드 사용량 1위를 차지했다. 또 '건강한 몸을 가지고 싶다' '건강한 음식을 먹고 싶다'는 생각은 신선식품 시장과 몸에 좋은 간편식 시장을 이끌고 있다.

이런 간편식들은 1인가구뿐 아니라 1인가구처럼 살고 있는 가족들에게도 인기가 많다. 덕분에 현대백화점의 프리미엄 가정 간편식 '원테이블', 한국야쿠르트의 '잇츠온 밀키트', GS리테일의 '심플리 쿡' 등 이 시장을 노린 제품들 역시 덩달아 매출이 뛰고 있다.

유통 트렌드 바꾸는
'간편식, 새벽배송'

여기에 더해 점점 더 중요해 지고 있는 건 '진정성'이다. 몸에 좋은 '신선식품'을 먹고 싶은데 어떤 것이 좋은지 모르겠다면 믿을 수 있는 누군가의 조언이나 추천이 필요하다.

'푸드샵'은 약 17만명의 이웃이 있는 문성실 대표가 직접 제품을 선택해서 추천한다. 대표가 직접 산지에 가서 농산물을 확인하고 직거래를 하며, 가공식품의 경우 어떻게 조리해야 하는지 자세히 설명해 주니 소비자들은 신뢰를 가지고 구매할 수 있다. 단순히 식품을 파는 것이 아니라 '신뢰'와 '정'을 판다는 신념은 1인가구를 공략하는 신선식품 업체라면 반드시 고민해야 할 부분이다. 이와 관련한 내용은 Part 6 O2O 서비스에서 자세히 살펴보자.

푸드샵

1인가구의 증가가 미치는 또 하나의 영향은 '고령화'다. 독거노인의 증가는 1인가구의 증가로 이어지며, 이 비중이 늘어

고령화 빨라진 韓, 기댈 수 있는 '로봇슈트' 개발 급하다

날수록 국가 경쟁력의 약화로 이어지게 된다. 이에 따라 노인의 근력 강화를 위한 웨어러블 로봇과 독거노인의 외로운 마음을 돕기 위한 반려로봇이 등장하고 있다.

이런 실버케어 로봇시장에 앞장서고 있는 곳은 역시 미국과 일본이다. 특히 소니의 로봇 강아지 아이보는 일본에서만 2만대 이상 판매되었고, 2018년 미국에 진출했다. 일본은 288,000엔, 미국은 2,899달러로 300만원 정도나 되는 높은 가격에도 불구하고 시장은 커지고 있다.

로봇이 아닌 실제 '반려동물' 시장도 증가하고 있다. '펫코노미'란 신조어까지 등장하며, 3조원대였던 시장은 2020년 6조원에 이를 것으로 전망되고 있다. 덕분에 반려동물은 예전에 비해 환영받는 곳이 늘었다. 스타필드는 반려견 동반 쇼핑이 가능하며, 그랜드머큐어앰배서더서울용산은 추가요금을 낼 경우 반려견을 2마리까지 투숙시킬 수 있다. 뿐만 아니라 출시 4개월만에 1만세트가 팔린 홍삼 성분 함유 '지니펫' 등의 펫푸드 시장은 물론 신세계의 '몰리스펫', 롯데의 반려동물 전문컨설팅스토어 '집사', CJ의 '올펫클럽' 등 다양한 펫 서비스들이 성장하고 있다.

1인가구 시대 '펫코노미' 대세 '상팔자' 반려동물 시장 6조원

그런데 1인가구에서 반려동물을 키운다면 사람의 외로움은 줄어들지 몰라도 혼자 집에 남아있게 되는 반려동물은 외로울 수 있다. 여기서 착안한 O2O 서비스 '우푸'는 반려견을 위해 산책, 돌봄, 훈련을 책임져 준다. IT기술 역시 이 시장에 관심을 가지고 반려동물과 함께 놀아주고 모니터링할 수 있는 '펫캠', 'IoT 자동사료급식기', 인공지능로봇 '고미볼' 등 다양한 제품

들을 선보이고 있다.

1인가구 혹은 1인가구처럼 살게 된 개인들을 위한 마케팅은 어떻게 달라졌을까? 그들이 원하는 건 '맞춤화'와 '개인화'이다. 수많은 불특정다수 중 하나가 아닌 바로 '나'에 대한 맞춤화, 대중을 상대로 하더라도 좀 더 '개인'에게 집중화된 개인화이다. 그리고 이를 바탕으로 뒤에서 이야기할 O2O 서비스, 리테일 테크, 홈 AI 등의 기술이 나타났다. 그렇기 때문에 어떤 서비스를 준비하더라도 이 두 가지를 놓치지 말아야 한다.

Part 2

인 공 지 능 을
읽 다

인공지능,
진화를 거듭하다

2018년 1월, 로봇 '소피아'가 한국을 방문했다. 한복을 곱게 차려입은 소피아는 참석자들과 이야기도 나누고, 간단한 연설도 했다. 얼굴은 오드리 햅번을 닮게 만들었다지만 그다지 닮지는 않았고, 머리 카락이 없어 인공 뇌가 그대로 보이다 보니 기대와 달리 사람들에게 왠지 모를 불편함을 안겨 주었다. 소프트뱅크 에서 인수한 보스턴 다이나믹스의 2족 보행로봇 '아틀라

동영상
AI 로봇 소피아와의
대담 "우리는 인간을
돕게 될 것"

AI 로봇 소피아 초청 컨퍼런스
4차 산업혁명
로봇 소피아에게 묻다
2018. 1. 30.(화) 10:00
더플라자호텔 그랜드볼룸

동영상
Parkour Atlas

스'는 이제 뛰어다니고 공중제비를 돌며 계단을 뛰어 오르는 일도 가능할 정도로 업그레이드됐다. 생각보다 빠르게 로봇은 우리 곁에 와 있다.

동영상
인간 vs 기계,
〈Humans〉

인간과 로봇이 공존하는 세상은 어떤 세상일까? 기대되면서도 한편으로는 두렵다. 영국 드라마 〈휴먼스〉에서 미래를 약간 엿볼 수 있다. 어느날 가정용 로봇 '아니타'가 집에 들어온다. 아니타는 워킹맘이었던 엄마를 대신해 식사를 차리고 아이들에게 책을 읽어준다. 그런데 좀 이상하다. 일을 줄이기 위해 로봇을 데려왔는데 일만 줄어든 것이 아니라 엄마의 역할도 줄었다. 딸이 던지는 질문 역시 의미심장하다. 사람들이 하는 일의 대부분을 로봇으로 쉽게 대체될 수 있는 세상에서 열심히 일한다는 것, 노력한다는 것이 의미가 있는지에 대해 질문을 던진다.

과연 이러한 미래가 오면 사람은 어디에서 '존재'의 의미를 찾아야 하는 걸까? 완벽하지 않은 인간이 완벽한 존재를 만들어 내고, 그 존재가 창조주인 인간을 뛰어넘는 존재가 될 때 우리는 과연 로봇을 봉사하는 존재로만 남겨놓는 게 가능할까?

미래가 디스토피아일지 유토피아일지는 알지 못한다. 또 이런 고성능의 로봇이 우리 주변에 있게 될 날이 언제일지도 아직 모른다. 다만 기술은 계속 발달하고 있고, 디스토피아에 대한 예측이 많은 만큼 그런 일이 벌어지지 않기를 바랄 뿐이다.

조금씩 우리 삶으로 들어오고 있는 인공지능과 로봇, 2018년에는 어떤 변화가 있었는지 좀 더 자세하게 알아보자.

:: MS · 텐센트의 샤오빙

AI 친구, 현실이 되다

2018년 5월 인공지능이 노래를 작사해 화제가 됐다. 2014년 텐센트와 MS가 공동개발한 인공지능 '샤오빙'이 한 일이다. 샤오빙은 베이징 관련 사진 몇 장을 확인한 후 〈AI 베이징〉이란 노래를 작사해 냈다. 물론 사전에 수백 개의 시를 학습시킨 결과이긴 하지만 대단한 성과다. 게다가 이미 샤오빙은 2017년 6월 시집 『햇살은 유리창을 뚫고』를 출간한 시인이기도 하다.

현재 중국에서는 4,000만명이 넘는 사람들이 샤오빙과 일상에서 대화를 나누고 있다. 누적으로는 지금까지 약 300억명의 사람들과 대화를 나눴다고 하니 데이터의 축적 면에서도 무시할 수 없는 양이다. 이를 통해 샤오빙은 더 영리해지고, 더 많은 감정을 나누고 있다. 10년 후에는 어떻게 변할지 궁금하다.

동영상
인간과 대화를 하는 챗봇 '샤오빙'

:: IBM의 왓슨

IBM의 왓슨은 꽤 재미있는 방향으로 진화되었다. IBM의 인공지능은 1996년 체스 챔피언을 꺾은 '딥블루'와 2011년 제퍼디 퀴즈쇼에서 우승한 '왓슨'의 이야기가 유명하다. 2018년 6월에는 '프로젝트 디베이터'란 AI를 선보이며 인간과 토론을 했다. AI와 인간 모두에게 어떤 주제로 토론할지 사전에 공개하지 않았고, 토론 중에는 인터넷을 사용하지 못하게 했다. 4분 발제, 4분 반박, 2분 결론 순서로 진행됐는데, 첫 번째 주제는 '우주탐험에 보조금을 지급해야 하는가', 두 번째 주제는

인공지능, 사람과 토론하는 단계까지 발전했다

'원격진료를 확대해야 하는가'였다. 누가 승자가 되었는지는 결정되지 않았지만, 논리적으로 자신의 주장을 펼치고 근거를 대며 상대방의 이야기에 반론을 펼치는 건 인간과 비슷했다고 알려졌다.

그리고 한 달 후인 7월, 로봇 '사이먼Cimon'이 우주로 향했다. 왓슨을 기반으로 설계된 사이먼은 배구공과 비슷한 모습으로, 한쪽이 평면으로 되어 있고 여기에 스크린이 있다. 이 스크린이 사이먼의 '얼굴'로, 다양한 표정을 볼 수 있을 뿐만 아니라 우주비행사들이 원하는 정보를 보여주는 것도 가능하다. 내부의 프로펠러를 통해 허공에 떠서 움직일 수 있어 마치 놀이공원에서 아이들이 들고 다니는 풍선 모습과 비슷하다. 아직 완벽하지도 않고, 슈퍼 컴퓨터에 가깝지도 않지만 SF 영화에 나오던 장면은 또 한 번 현실이 되었다. 여기서 재미있는 건 이 '사이먼'이란 이름은 IBM이 1992년에 선보인 최초의 스마트폰사이먼-Simon의 이름과 앞 글자만 다르다는 점이다.

최초로 우주 간 AI로
봇 '사이먼'

동영상
Trailer : CIMON

:: 우리나라의 인공지능

2016년 말 전격적으로 '왓슨'을 도입한 롯데그룹은 다양한 서비스를 선보이고 있다. 2017년 말 왓슨을 기반으로 한 AI 챗봇 '로사'를 롯데백화점에 도입했고, 롯데홈쇼핑 역시 2018년 3월 상담주문 챗봇 '샬롯'을 오픈했다. 롯데제과는 왓슨으로 빅데이터를 분석해 '카카오 닙스 빼빼로' '깔라만시 상큼요거트 빼빼로'를 출시했고, 2018년 4월 AI 안내로봇 '쵸니봇'과 '스위봇'을 선보였다. 롯데그룹은 신입사원 공채에도 AI를 도입해 지원자의 자기소개서를 검토하고 각 계열사의 우수사원의 자질을 비교분석해 직무적합도를 판단하는데 활용하고 있다. 자기소개서를 직접 썼는지 인터넷에서 찾아 카피한 건지 파악도 가능했다.

AI를 면접에 도입한 건 롯데만이 아니다. 한미약품 역시 신입사원 공채에 AI 면접을 적용했다. 영업직 지원자는 웹캠 앞에서 면접을 봐야 했는데, 질문에 답을 하는 지원자들의 목소리와 표정 변화 등을 분석해 평가한다. 한국자산관리공사의 '청년인턴' 모집, 일동제약의 정기공채에도 AI 면접이 도입됐다.

한국자산관리공사의 청년인턴 공고를 보면 하단에 '응답신뢰불가' 판정이 나올 경우 무조건 불합격 처리라는 말까지 있다. 온라인에서 면접을 보는 방식이라 지원자는 집에서 면접을 볼 수 있는데 크롬 브라우저에 접속해야 하며, 복장은 결과에 반영되지 않았다. 면접 결과 역시 처음 도입된 만큼 평가점수에는 반영하지 않고 참고자료로만 활용되었다.

그렇다면 왜 AI로 면접을 보는 걸까? 면접절차는 면접을 보

동영상
[롯데백화점] 인공지능 쇼핑친구 로사를 소개합니다

AI로 신입사원 뽑는 롯데

한국자산관리공사(캠코) 청년인턴 채용 때 금융공기업 최초 AI 면접 도입

동영상
인공지능(AI) 면접 체
험기

1. 채용공고 · 접수
- ○ 접수기간 : 2018.8.10.(금) ~ 8.20.(월) 17:00 끝
- ○ 접수방법 : 인터넷 접수(방문, 우편 접수 불가)
  - 공사 채용전형 홈페이지(https://kamco.career.co.kr)에서 직접 입력

2. 서류심사
- ○ 지원자격 미충족 및 입사지원서 불성실 작성자 등을 제외한 입사지원자 전원 면접전형 응시 기회 부여
- ○ 면접전형 대상자 발표 : 2018. 8. 21.(화)

3. 면접전형 (AI 면접)
- ○ AI 면접일 : 8월 말 (세부사항은 서류심사 합격자에 한해 별도안내)
- ○ 평가 기준 : AI 면접을 통해 개인 성과능력 · 조직적합성 등을 검증

구 분	평가 내용
1. 성과능력지수	스스로 성과를 내고 지속적으로 성장하기 위해 갖춰야 하는 성과 지향적 태도 및 실행력
2. 조직적합지수	조직에 적응하고 구성원들과 시너지를 내기 위해 갖춰야 하는 심리적 안정성
3. 관계역량지수	타인과의 관계를 좋게 유지하기 위해 갖춰야 하는 고객 지향적 태도 및 감정 파악 능력
4. 호감지수	대면 상황에서 자신의 감정과 의사를 적절하게 전달할 수 있는 소통능력

※ AI면접 결과 응답신뢰불가 판정이 나올 경우 득점에 관계없이 불합격 처리
※ 동점자 처리 기준 : 우대순위 순(① 취업지원 ② 장애 ③ 성과능력지수 ④ 조직적합지수 ⑤ 관계역량지수 ⑥ 호감지수 순)

동영상
인공지능이 서류 평
가에 면접까지

는 지원자도 힘들지만 면접을 진행하는 실무자도 힘들기 때문이다. 함께해야 하는 '인재'를 뽑아야 하기에 객관적이고 정확하게 면접을 진행해야 하지만 사람이 하는 일이기에 주관적일 수밖에 없다. AI 면접을 진행할 경우 우선 면접을 위한 시간과 장소의 문제를 해결할 수 있고, 1차적으로 선별된 인원을 대상으로 심층면접을 진행할 수 있기 때문에 면접관들의 부담이 줄어든다는 장점이 있다. 다만 지원자들은 인공지능 면접관과의 면접을 준비해야 하는 고민에 빠지게 되었다.

일상으로 들어온
AI 스피커

24시간 동안 언제나 우리와 함께 있으면서 다양한 부탁을 들어주는 똑똑한 인공지능 비서, 우리는 이미 가지고 있다. 구글의 '어시스턴트', 애플의 '시리', 삼성의 '빅스비'가 이미 우리의 스마트폰 안에 들어와 있다. 여기에 더해 집에는 인공지능 스피커가 놓이기 시작했다. 이제 언제든 인공지능과 함께 생활하며 도움을 받을 수 있는 시대가 열린 것이다.

인공지능이 일상 속에 들어오다 보니 이에 따른 문제도 생기고 있다. 2018년 5월 아마존의 AI 스피커인 '에코'가 부부의 대화 중 일부를 녹음해 다른 사람에게 녹음파일을 보내는 일이 발생했다. 물론 대화 중에 에코의 호출명이 들어갔고, '보내라'는 명령어가 들어갔을 거라고 하지만, 일단 집에 있는 AI 스피커가 항상 귀를 열고 우리의 대화를 엿듣고 있다고 생각하면 좀 으스스해진다. 24시간 우리의 대화를 도청할 수 있다는

왜 AI 스피커가 스마트폰의 대표 기기가 됐을까

인공지능 비서가 당신을 엿듣는다?

말이니 AI 스피커에 대한 개인정보 보호 문제도 다시 제기되고 있다. 그럼 2018년에 새롭게 선보인 대표적인 AI 스피커와 관련 기술들을 기업별로 확인해 보자.

:: 아마존의 알렉사

AI 스피커 시장의 절대강자 아마존은 2018년 13종이나 되는 다양한 스마트홈 디바이스를 선보였다. 대표적인 몇 가지를 살펴보자.

전자렌지·벽시계에게도 '알렉사

'에코 오토'는 차량에 설치하는 작은 디바이스로, 뉴스를 듣거나 음악 감상이 가능하고 집 근처에 도착하면 집에 있는 알렉사와 연동해 집안의 가전제품을 제어할 수 있다. 또 하나 아마존의 천재성이 돋보이는 '베이직 전자렌지'도 내놨다. 대부분의 렌지용 식품은 70W에서 10~15분 등 돌리는 시간이 다양해 이에 맞춰 사용해야 하는데, 베이직 전자렌지는 팝콘을 돌려달라고 음성으로 말하면 최적의 시간으로 튀겨준다. 디스플레이가 장착된 에코로 불렸던 '에코 쇼'도 새 제품이 등장했는데, 질문에 대한 답을 10인치 디스플레이 화면으로 볼 수 있고 다른 유저와 통화도 가능하다.

이처럼 아마존의 특징은 다른 회사들과 제휴되어 있는 가전 제품 분야에는 굳이 손대지 않지만, 집안의 부수적인 모든 사물들에는 세세하게 인공지능을 부여하고 있다.

∷ 애플의 시리

일단 애플의 '시리'는 편하다. 운전을 할 때는 물론 평상시에도 "시리야"라고 호출한 후 말로 메모를 하거나 전화를 걸거나 문자를 보낼 수 있고, 심지어 덧셈, 뺄셈, 곱셈과 나눗셈을 시켜도 잘 대답한다. 하지만 2018년에는 소소한 기능들만 업그레이드되었을 뿐 대대적인 혁신은 없었다. 그 사이 구글 어시스턴트는 무섭게 발전해, 벤처캐피탈회사 루프 벤처스가 비교한 시리, 구글 어시스턴트, 알렉사, 코타나의 성능 결과에서 구글 어시스턴트가 1위를 했고, 시리는 2위에 그쳤다.

2018년 2월 애플은 '홈팟'이라는 이름의 AI 스피커 판매를 시작했다. 공식가격은 349달러로 그동안 나왔던 제품들에 비

구글 어시스턴트, 시리·알렉사보다 정답률 뛰어나

동영상
한국어는 못해도 애플 홈팟 개봉기

애플, 1분기 스마트
스피커 60만대 판매

팟캐스트
아마존 14종 제품 공
개 최종정리, 오큘러
스 퀘스트 공개, 고
프로 히어로 7

하면 비싼 편에 속했으나, 2개월 동안 60만대가 팔리며 전 세계 스마트 스피커 시장에서 4위를 기록했다.

9월에는 음악을 인식해 찾아주는 앱으로 유명한 '샤잠'을 인수했다. 샤잠은 2,000만건이 넘는 노래를 인식해 찾아주는 앱으로, 다운로드 10억회를 넘는 엄청난 앱이다. 특히 애플은 샤잠에 들어있는 광고를 없애기까지 했다. 이를 통해 음악의 검색_{샤잠}에서 재생_{애플뮤직}, 재생할 수 있는 기기_{아이폰}, 음악을 듣는 좋은 퀄리티의 기기_{비츠}까지 애플이 만들어가고 있는 음악시장의 모습이 조금씩 구체적으로 드러나고 있다.

:: 구글 어시스턴트

구글 인공지능의 진
화, 자비스 부럽지
않은 '듀플렉스'

동영상
Google Duplex

2018년 5월 구글은 사람처럼 대화할 수 있는 인공지능 '구글 듀플렉스'를 공개했다. 구글 어시스턴트에게 "화요일 오전 10시에서 12시 사이 헤어샵을 예약해줘"라고 명령을 내리자 헤어샵에 직접 전화를 걸어 예약을 하는데 성공했다. 대화 중간에 '으흠' '흠'이라고 사람처럼 추임새를 넣어 많은 사람들을 놀라게 하기도 했다. 구글의 CEO 순다 피차이는 이를 통해 온라인 예약이나 상담 서비스가 가능해질 것이라고 했고, 10월 구글의 스마트폰 '픽셀 3'에 듀플렉스가 들어갔다. 픽셀 3에는 'Call Screen'이라는 기능도 포함되었는데, 전화를 받기 어려울 경우 구글 어시스턴트가 비서처럼 대신 전화를 받아 상대방은 누구이며 왜 전화를 했는지 물어보면서 동시에 텍스트로 화면에 보여주는 기능이다.

다만 풀어야 할 숙제도 있다. 고객의 문의에 열심히 답을 하고 있는데, 그 고객이 인공지능인 걸 알게 되었을 때 당신의 기분은 어떻겠는가? 사람의 목소리를 흉내내는 인공지능이 정교하게 발달해서 보이스피싱에 쓰이게 된다면 이것도 문제다. 이런 도덕적인 문제들 때문에 앞으로 인공지능이 전화를 걸 때에는 자신이 인공지능이라는 것을 밝혀야 한다는 의견도 나오고 있다.

스마트폰에 설치된 구글 어시스턴트의 모양도 바뀌었다. 음성명령뿐 아니라 터치도 함께 사용할 수 있게 된 것이다. 예를 들어 스피커의 볼륨이나 전등의 밝기를 조절할 때 음성명령으로 하는 건 한계가 있다 보니 손가락으로 밝기를 조절할 수 있게 했다.

동영상
Google에게 시키세요.

구글 렌즈 역시 기대를 뛰어넘었다. 카메라를 켜고 사진 버튼을 길게 누르면 카메라에 비쳐진 대상을 검색할 수 있는데, 텍스트의 번역, 구글 쇼핑에서 비슷한 물건의 검색, 꽃 이름, 동물 이름의 검색이 가능하다. 자세한 내용은 링크에 있는 영상을 통해 꼭 확인하자.

동영상
Google Lens

:: 구글의 AI 스피커, 구글 홈

2018년 9월 우리나라에 정식으로 '구글 홈'과 '구글 홈 미니' 스피커가 출시되었다. 구글 홈을 직접 사용해 보니 국내의 어떤 AI 스피커보다 뛰어났다. 카카오와 프렌즈 스피커는 별도의 호출명을 호출하지 않아도 가족끼리 대화를 할 때 자꾸 자신을 호출하는 줄 알고 말을 하는데, 구글 홈은 정확한 호출명을 말하기 전까지 침묵을 지킨다. 구글 홈에서 구글뮤직의 사

'플랫폼 강자' 구글의
한국 거실 공습 시작
됐다

용이 불가능하다는 스피커로서의 가장 큰 약점은 '벅스'와의
제휴 및 유튜브 프리미엄 6개월 이용권을 주는 것으로 해결했
다.

아직 국내 시장에서 쓸만한 콘텐츠가 없다고는 하지만 그건
다른 스피커들도 마찬가지다. 구글은 2018년 하반기 구글 어
시스턴트 업그레이드를 시작으로 그동안 아마존 일변도였던
스마트홈 시장을 조금씩 장악해 나갈 것으로 보인다. 특히 10
월에 발표된 '구글 홈 허브'는 스마트홈 시장에 쐐기를 박는 제
품이다. 구글 홈 허브는 귀로 듣는 것을 넘어 눈으로 볼 수 있
는 인공지능으로, 집안의 각종 스마트홈 제품을 조율하는 '콘
솔'로서의 역할을 수행할 것으로 보인다. 구글의 2019년을 관
심있게 지켜볼 필요가 있겠다.

대화의 전제 조건,
'구글 홈 미니'

:: MS의 코타나

동영상
Cortana + Alexa
Demo

국내에서는 서비스되지 않지만 그래도 MS의 동향은 알아두
는 게 좋다. 언제 한국어 서비스를 시작할지 모르기 때문이다.
2018년 놀라운 소식 중 하나는 인공지능 분야에서 MS와 아마
존이 손을 잡은 일이다. 아마존의 알렉사와 MS의 코타나 기능
이 일부 통합됨에 따라 미국에서는 윈도우 10의 코타나를 호

출해 아마존닷컴에서 물건을 주문할 수 있고, 반대로 알렉사에서 아웃룩 이메일을 열어 듣거나 일정을 등록할 수도 있게 되었다.

'서피스 헤드폰'에 노이즈캔슬링 기능 외에 AI 코타나가 적용되는 것도 특징이다. 이어폰과 헤드폰은 사람들이 가장 쉽게 인공지능을 가지고 다닐 수 있게 만들어 주는 도구다. 모두가 무선이어폰 시장으로 갈 때 헤드폰 시장으로 간 MS의 전략이 성공할지를 지켜보는 것도 2019년의 관전 포인트다.

동영상
Introducing Microsoft Surface Headphones

팟캐스트
MS에서 선보인 디바이스 정리, 헤드폰?

:: 삼성의 빅스비

2016년 시리를 만든 주역들이 세운 인공지능 기업 '비브 랩스'를 2억 1,500만달러약 2,400억원에 인수한 삼성은 꾸준히 '빅스비'의 성능 향상에 힘쓰고 있다. 처음 시장의 반응도 별로였고 기술도 완벽하지 않았던 빅스비가 2018년 8월 버전 2.0을 발표하며 달라지고 있다.

삼성은 스마트폰 외에도 다양한 가전제품과 전자기기를 생산하고 있는데, 이 모든 기기에 빅스비가 담긴다면 여기서 수집되고 생산되는 데이터의 양은 무시못할 것이다. 예를 들어 냉장고에 담긴 빅스비를 통해 식재료의 확인과 유통기한이 다가왔을 때 알림을 받을 수 있고, 에어컨에 담긴 빅스비는 24시간 내내 실내환경과 실외환경을 모니터해서 사용자가 원래 사용하던 온도에 맞춰 바로 가동해 줄 수 있다. 포브스가 삼성전자가 인공지능 분야에서 선두기업으로 도약할 수 있을지도 모른다고 말한 건 이 때문이다.

포브스 "삼성전자, 인공지능 선두기업으로 도약할 수 있다"

동영상
삼성 인공지능 솔루션 빅스비 : 레시피 추천

다만 빅스비 냉장고를 사용하기 위해서는 집에 있는 냉장고를 바꿔야 하는 문제가 있다. 그리고 스마트폰 안에 빅스비와 구글 어시스턴트 두 개의 인공지능이 불편한 동거를 계속하고 있는 것도 약점이다.

2018년 8월 삼성 역시 AI 스피커 '갤럭시홈'을 발표했다. 이미 음향 명가 '하만'을 인수했던 터라 음질에 대해 의심하는 사람은 없을 것이고, 음악 재생에 필수인 음원은 '스포티파이'와 손을 잡아 해결했다. 가격은 최소 200달러 정도로 예상되는데, 고가 스피커 시장에 출사표를 던진 만큼 2019년에는 보급형 모델이 나오리라 예상된다.

삼성, AI스피커 대전 가세…'갤럭시홈' 출시 임박

동영상
갤노트9 행사에 깜짝 등장한 갤럭시홈 · 갤럭시워치

: : 페이스북의 AI 스피커, 포털

페이스북의 AI 스피커 '포털Portal'이 2018년 10월 공개되었다. 10인치와 15인치 디스플레이를 탑재한 게 특징으로, 이를 통해 페이스북 메신저의 음성·영상 통화기능을 이용할 수 있으며, 동영상 서비스 '워치'도 이용할 수 있다. 음악은 아마존과 제휴해 프라임 뮤직 서비스를 이용할 수 있도록 했다. 다만

영상통화가 주된 기능이라 특별한 서비스가 없다는 게 단점이다. 모든 AI 기반 스피커가 그렇듯 일단 만들었으니 관련된 서비스들이 늘어나는 건 2019년이 될 것으로 보인다.

페이스북 AI 스피커 포털 공개...리스크는?

:: 네이버의 클로바

2017년 웨이브와 클로바 스피커를 각각 내놓고 스마트폰용 클로바 앱도 출시했던 네이버의 2018년은 '다양화'와 '제휴'로 설명할 수 있다.

우선 '다양화' 측면에서 보면 기존 스피커보다 더 귀엽게 생긴 미니언즈와 도라에몽 시리즈를 내놨고, 클로바 미니를 출시해 가격을 낮추는 것은 물론 경쟁사가 더 이상 따라올 수 없을 정도로 구성을 다양화했다. '네이버 커넥트 2019' 행사에서 발표된 바에 따르면 스피커의 대표 청중은 어린 키즈층이다. 오디오 동화나 동요를 듣는 이용률이 80%에 달하고 30~40대 여성, 즉 엄마들의 유입이 커졌다는 것이 특징이다.

'제휴' 면에서도 활발했다. 클로바 앱에는 '스마트홈' 메뉴가 신설되었는데, 문학동네·배달의민족·우리은행은 물론 LG전

동영상
클로바 프렌즈 미니
도라에몽

네이버 AI 플랫폼 '클
로바' 1년 성과는?

네이버 AI, 사람과 대
화하는 로봇

네이버 '스마트렌즈'
상품·문자 인식 고
도화

자·LG유플러스·샤오미에 이르기까지 많은 곳들과 제휴를 맺
어 클로바 스피커로 컨트롤할 수 있도록 했다. 2018년 하반기
에는 린나이·경동나비엔과 제휴해 보일러까지 제어할 수 있
도록 했다.

네이버는 AI 스피커 외에도 지속적으로 네이버 모바일 앱을
업데이트해 앱 검색창 상단에 '스마트렌즈'와 '스마트 어라운
드' 기능을 추가했다. 스마트렌즈는 QR코드의 인식은 물론 파
파고를 활용한 문자 번역, 촬영 사진과 비슷한 사진을 찾아주
고, 쇼핑렌즈에서는 네이버쇼핑에서 확인된 결과를 보여준다.
스마트 어라운드 역시 2019년 지켜봐야 할 포인트인데, 현재
자신이 있는 장소를 기준으로 맛집, 카페/디저트, 술집/바, 배
달은 물론 강좌와 문화를 즐길 수 있는 장소를 추천해 주는 서
비스다. 향후 네이버지도와 연동될 경우 영향력은 더 커질 것
으로 생각된다.

'네이버 커넥트 2019'에서는 '네이버의 본질은 연결'이라며 모바일의 네이버 첫 화면을 검색창과 하단의 '그린닷' 버튼만 놓겠다고 발표했다. 네이버가 갑자기 사용자의 편의성을 강조하면서 지저분한 화면을 정리한 것일까? 아니다. 모바일 시대로 접어들며 사람들은 그 어느 때보다도 포털에 머무는 시간이 적어졌다. 쇼핑을 하기 위해, 정보를 검색하기 위해 잠시 머무는 곳이니 더 빠르게 연결시켜 주겠다는, 그리고 그 연결을 인공지능이 담당하겠다는 것이 네이버의 전략이다. 모바일 네이버는 이제 클로바 중심의 인공지능 플랫폼으로 변하고 있다.

동영상
네이버가 직접 설명한, 모바일 첫화면 개편

네이버, 생활 속 미래기술 공개

:: 카카오의 AI 스피커, 카카오 미니

카카오에서는 2017년 9월 AI 스피커 카카오 미니가 출시되었고, 1년이 지난 2018년 8월 두 번째 버전인 카카오 미니C가 출시되었다. 전면적인 디자인 개편은 없었고, 기존 카카오 미니의 하단에 충전식 배터리인 '포터블팩'과 호출 전용의 '보이스 리모트'가 추가된 정도다. 게다가 아쉽게도 예전 버전과 호환되지 않는다. 가장 많이 바뀐 건 카카오 미니에 올려놓을 수 있는 카카오프렌즈 피규어가 2종에서 7종으로 늘었다는 것으로, 이쯤이면 스피커를 파는 건지 피규어를 파는 건지 헷갈리기까지 한다.

카카오의 가장 무서운 점은 '카카오'라는 점이다. 전 국민의 스마트폰에 깔려있는 카카오톡 덕분에 우리는 카카오에 너무 익숙하다. 따라서 카카오 스피커로 카카오톡, 카카오택시, 카카오뱅크를 사용할 수 있게 되기를 기대하는 것은 당연하다.

동영상
요즘 핵인싸템? 카카오미니C 사용 방법!

2018년 10월 사용자의 목소리를 알아들을 수 있는 '보이스 프로필' 서비스의 시작으로 카톡을 읽고 보내는 일이 가능해졌다. 사용자 최적화가 점점 고도화되고 있는 것이다.

카카오 역시 다른 회사들과의 제휴에도 바빴다. 카카오 AI의 정식 명칭은 '카카오i'인데 2019년 출시되는 현대기아자동차에 탑재되어 음성으로 다양한 정보를 묻고 답을 들을 수 있는 '인포테인먼트' 시장이 확대될 예정이다. 이뿐 아니라 GS건설, 포스코, 롯데정보통신, 핑크퐁 등 다양한 업체들과의 협업은 계속되고 있다.

'카카오i', 2019년 현대·기아차 속으로

카카오 미니C, 구글홈, SKT 누구 캔들과 나눈 대화

2018년 카카오는 전자상거래 사업을 카카오S로 분사했다. 카카오T의 분사 역시 마찬가지이다. 카카오페이는 바로투자증권을 인수했고, 건설사·자동차회사들과 제휴를 맺고 있다. 그렇다면 카카오가 꿈꾸는 2019년은 당연하게 생활밀착형 플랫폼을 목표로 할 것이다. 우리 주변 모든 카카오 서비스와의 연결, 그 연결의 시작과 종착은 '카카오톡'이다.

:: 통신 3사의 AI 스피커

SKT, KT, LGT의 가장 큰 장점은 '셋톱박스'를 가지고 있다는 점이고, 이는 언제든 AI 스피커가 탑재된 셋톱박스를 무료로 전환할 수 있다는 뜻이기도 하다. 2017년과 2018년 거의 공짜에 가까울 정도로 셋톱박스가 뿌려지며, KT의 기가지니는 가입자 100만을 돌파했다. 그리고 KT는 음성만으로 올레TV의 모든 서비스를 이용할 수 있는 '말로 다 되는 TV'를 내놨다. 더 이상 리모콘을 찾기 위해 헤매이는 일이 없어진 것이다.

'말로 다 되는 TV' 시대, 'KT 기가지니'가 연다

기가지니는 구글 어시스턴트까지의 수준은 아니더라도 특정인의 목소리를 합성시키는 기술도 가지고 있는데, 2018년 5월 개인화 음성합성기술을 상용화했다. 한 개인의 발음을 넘어 억양까지 학습해 자연스럽게 말을 하는 서비스로 '박명수를 이겨라'라는 퀴즈게임이 기가지니에 적용되었다. 이를 통해 향후에는 부모들의 목소리를 합성해 아이들에게 동화책을 읽어주는 서비스를 선보이겠다고 했다. 또 네이버가 보일러를 경동나비엔과 제휴했다면 기가지니는 귀뚜라미와 손을 잡았다. 이외에도 바디프랜드와 제휴를 통해 헬스케어 시장에 진입했고, 아이들을 위한 홈스쿨 서비스 '기가지니 세이펜', 롯데와 제휴한 음성인식으로 '인공지능 장보기' 등 다양한 분야에서 영역을 넓혀나가고 있다.

KT, 인공지능 스피커에 특정인 목소리 합성

동영상
기가지니로 박명수를 이겨라!

SKT도 바쁜 건 마찬가지다. '누구NUGU'가 출시된지 2년이 넘었고, 월간 실 사용자가 400만명이 될 정도로 성장하고 있다. 출시한 디바이스는 '누구 미니' '누구 캔들'을 포함해 7종으로 늘었고, 연계된 제품도 220종을 넘고 있다. 특히 BTV와 누

SKT, AI 플랫폼 '누구'에 한컴 자동통번역 솔루션 담는다

LGU+, 인공지능·사물인터넷 키운다

인공지능은 반드시 가야할 길

구의 조합으로 셋톱박스를 대체한 것이 주목할 만하다. 또 '윤선생'과 손 잡고 스피커북 서비스를 출시했고, 한컴의 지니톡을 탑재해 통번역 서비스를 제공하는 등 영어 교육 및 관련 산업에도 눈을 돌리고 있다.

LG유플러스는 2017년 12월 네이버 클로바와 제휴를 선언했다. 자체 AI 스피커를 출시하기보다 서로 잘할 수 있는 분야의 협업이다. 덕분에 2018년 6월 기준으로 'U+우리집AI' 가입자는 200만을 돌파하며 선전을 벌이고 있다.

자체 인공지능 단말기를 만들지 않는 건 위험하지 않을까? 장점이라면 덕분에 구글 어시스턴트, 아마존 알렉사, 네이버 클로바 등 다양한 AI를 얼마든지 빠르게 연결시킬 수 있다는 게 특징이다. 이런 전략을 LG에서는 '오픈플랫폼전략'이라고 부르는데, 어떤 인공지능과도 쉽게 연결되는 가전을 통해 LG의 전략이 현명할지에 대해서는 몇 년이 더 지나야 답을 얻을 수 있을 것 같다.

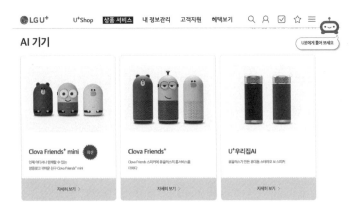

인공지능과 챗봇

일상에서 인공지능이 많이 쓰이는 분야는 '스피커'와 '챗봇'이다. 2017년에 이어 2018년에도 많은 회사들이 꾸준히 챗봇을 도입하고 있다. 다만 아직 모든 상담을 처리하고 주문을 도와주기에는 부족하다. 대표적인 '챗봇' 서비스를 알아보자.

챗봇 어디까지 침투했나?

:: 롯데의 다양한 '챗봇'

IBM 왓슨을 전사적으로 도입한 롯데는 계열사마다 서로 다른 이름의 챗봇을 출시했다. 롯데백화점이 만든 '로사'는 쇼핑앱을 통해 사용이 가능하며 고객 데이터를 축적·분석해 단순 응답뿐만 아니라 상품 추천을 목표로 한다. 롯데카드의 '로카'는 소비패턴, 카드 발급 등의 서비스를 이용할 수 있다. 롯데홈쇼핑의 챗봇 '샬롯'은 상품결제, 취소, 환불, CS처리 등 다양한 업무에 활용된다. 이런 롯데의 챗봇들은 공통적으로 학습데이

롯데백화점 쇼핑앱 '엘롯데'의 AI 챗봇 '로사'

지능 챗봇 '로카'

롯데, AI '샬롯'으로 통합

인터파크 AI 기반 쇼핑 챗봇 '톡집사'

11번가, 2019년 '통합 AI 챗봇' 서비스 선뵌 다

터를 축적하며 한걸음씩 나아가고 있다. 2019년까지는 데이터 수집에 집중할 예정이며, 실제 쇼핑도우미의 역할은 2020년이 되어야 할 것 같다.

:: 인터파크 '톡집사'

인터파크의 톡집사는 2018년 누적 이용자 수 900만명을 돌파했다. 구매전환율도 20% 정도인데, 이는 톡집사를 사용한 10명 중 2명은 실제 물건을 구매했다는 뜻이다. 이제 톡집사는 쇼핑도우미는 물론 도서 추천, 여행 상담까지 영역을 넓혀 생활밀착형 서비스로 나가고 있다.

:: 11번가 '11톡'

11번가의 챗봇 '11톡'은 마트와 디지털을 넘어 삼성전자 등

특화된 회사의 제품들을 추천해 상담해 주는 등 세분화 전략에 나서고 있다. 특히 2018년 하반기에는 SK플래닛에서 분사되어 신설법인으로 독립했는데, 앞으로 다양한 특화서비스가 나올 것으로 기대된다.

롯데·11번가·인터파크 AI 챗봇 이용해보니

:: AIA생명 'AIA ON'

보수적인 보험사에도 챗봇 바람은 거세게 불고 있다. 그중 AIA생명의 인공지능 챗봇은 웹, 모바일웹, 앱 어디에서도 손쉽게 상담을 받을 수 있어 편의성을 더했다. 핸드폰 인증만 하면 자신이 냈던 보험료와 보장내역 등을 확인할 수 있을 정도로 상담방법도 쉽다.

인공지능 로봇과 대기 없는 실시간 상담

뿐만 아니라 'AIA ON'이라는 인공지능 콜센터까지 운영해 고객 편의성을 높이고 있다. 다른 보험사들 역시 이에 맞추어 챗봇 서비스를 운영하거나 준비 중에 있다.

앞서 이야기했던 것처럼 '챗봇'이 많아지는 이유는 '즉시성'과 '언택트' 때문이다. 굳이 사람과 통화하지 않아도 다양한 정보를 즉시 알 수 있다면 이게 편하다. 대화가 아니라 챗에 익숙해져 있는 세대이기에 간단하게 채팅을 통해 내가 원하는 걸 알 수 있다면, 그리고 24시간 상담이 가능하다면 당연히 이용할 것이다. 다만 원하는 결과를 얻지 못하고, 몇 번 대화를 해 봤는데 차라리 상담센터에 전화하는 게 더 낫다고 여겨지면 챗봇은 필요없게 된다. 이 점 역시 개발에 있어 신경써야 할 부분이다.

그렇다면 다음 세대의 챗봇은 무엇이 될까? 바로 '선제안'이다. 고객이 물어보는 것에 대해 최대한 친절히, 빠르게 답변해 주는 게 1세대 챗봇이라면 2세대의 챗봇은 분석된 고객의 정보를 가지고 물건이 필요하기 전에, 서비스가 필요하기 전에 '때가 되면 먼저 물어봐 주는' 형태로 진화되어가고 있다. 내가 옷을 살 때가 되면 예전에 옷 샀던 걸 기억했다가 문자를 보내주는 일, 자동차 보험료를 납부해야 할 때 아직 못쓴 혜택이 있다면 마치 친구가 톡을 보내듯이 미리 알려주는 등 맞춤형 서비스로의 진화는 지금도 계속되고 있다.

첫 챗봇 구축·도입은 이렇게

오해와 진실—챗봇

2019
인공지능 예측

스마트홈 분야에서 기업들이 각각 만들어 놓은 선수스피커들
의 준비는 얼추 끝나 보인다. AI 스피커 분야에서는 2018년 하
반기 등장한 복병 '구글 홈'의 시장 확장에 다른 기업들이 어떻
게 대응할지 역시 지켜봐야 할 포인트다.

'구글 홈' 한국서도
통할까?

여기서도 변하지 않는 본질은 '연결'이다. AI 스피커로 날씨
를 물어보고, 음악을 듣는 것도 하루이틀 느끼는 재미일 뿐이
다. 더 많은 활용을 위해서는 더 많은 가전제품들과의 연동이
있어야 하며, 그런 생활이 편하다라는 '인지'가 필요하다. 지금
의 문제는 굳이 없어도 불편하지 않다는데 있다. 2019년은 그
래서 어떤 AI 스피커가 우리들의 생활을 더 편리하게 만들어
줄 수 있는지를 보여주는 감성적인 광고와 서비스가 더 많아
질 것으로 보인다.

챗봇 역시 마찬가지다. 대부분의 기업들은 챗봇을 도입했고

또 도입하는 중이다. 그런데 여기서 중요한 건 사용자의 입장에서 챗봇과 대화하는 '재미'가 아니라 '이유'를 줘야 한다. 웹 사이트에 들어가 어디에 무슨 메뉴가 있는지 몰라 헤메일 때 '챗봇'에게 바로 물어봐서 해결할 수 있다면 편리하지 않을까? 챗봇 사용의 가장 첫 번째 포인트는 '귀찮음'의 해결이다. 앞서 이야기한 2세대 챗봇으로 진화될 때 사용자들이 기업의 '챗봇'에 애정을 담아 부르게 되는 순간부터 챗봇의 서비스는 완성될 수 있다.

:: 앞으로 10년, 변하지 않을 것은?

편리한 비서의 역할이다. 우리의 데이터_{정보}를 제공하는 위험성 대신 인공지능에게 기대하는 건 '편리함'이다. 편리함은 굳이 명령을 내리지 않아도 알아서 나를 편하게 해주는 서비스를 말한다. 물론 제대로 되기 위해서는 앞으로 꾸준히 개개인에 대한 빅데이터가 쌓여야 한다. 다만 편하지도 빠르지도 영리하지도 않은 인공지능 비서들은 버림받을 게 분명하다.

모든 회사들이 각각의 인공지능을 만들어 내며 생기는 선택의 복잡함 역시 몇몇 대표적인 기업들로 정리될 것이 분명하다. 더 빠르고 정확한 생활밀착형 AI 서비스, 우리 주위의 24시간 비서를 누가 제공할 것이며 그것과 어떻게 연결될 것이냐에 기업의 생존이 달려 있다.

Part 3

핀 테 크 를
읽 다

It's IT Trend 01

핀테크와
인터넷전문은행

핀테크는 말 그대로 Financial+Tech 금융기술을 말한다. 예전부터 있었던 개념이지만 과거에는 '금융'이 메인이 되고 IT는 서포터의 역할에 불과했다면 지금의 핀테크는 '기술'이 금융을 이끌고 있는 게 다르다.

2017년은 작고 빠른 기업들에 의해 은행이 하던 본연의 업무들이 위협받은 은행 금융시장의 해체이자 위기의 시대였다면 2018년은 전열을 정비한 은행이 반격을 시작하는 시기였다고 볼 수 있다. 어떤 일들이 벌어진 걸까? 확인해 보자.

:: 인터넷전문은행

2017년 사업을 시작한 인터넷전문은행 카카오뱅크와 케이뱅크는 2018년 7월 기준으로 각각 620만명과 76만명의 가입자 수로 확실하게 명암이 갈렸다. 어째서 이런 차이가 난걸까?

카카오뱅크 출범 1년,
인터넷전문은행 현
주소는?

카카오-K뱅크 이용
액 5배 격차

국내은행 · 지주사,
총자본비율↑... 케이
뱅크 홀로 '부진'

케이뱅크는 4개월 동안 11번이나 대출이 중단되며 사용자들에게 불안감을 안겨줬다. 이유는 '자본금' 때문인데, 지속적으로 증자를 했지만 2018년 9월 2차 증자 때에는 목표액 1,500억원 중 300억원밖에 채우지 못했다. 이로 인해 당시 케이뱅크는 국내 은행 중 총자본비율이 10.71%로 가장 낮았다. 반면 카카오뱅크는 2018년 4월 5,000억원의 유상증자에 성공해 총자본비율 16.85%로 2위를 차지했고, 2018년 8월 말에는 총자산 10조원을 돌파했다. 손실액 역시 케이뱅크는 395억원, 카카오뱅크는 120억원으로 큰 차이를 보였다.

이렇게 두 은행의 차이가 벌어진 데는 여러 이유가 있겠지만 그 중 하나는 카카오라는 이름의 '인지도' 때문이라는 의견도 있다. 2018년 9월에 열린 애플의 신제품 발표회에서 Face ID의 사용 가능한 예로 카카오뱅크가 소개된 것도 높은 인지도를 보여주는 좋은 사례이다.

'편의성' 면에서도 달랐다. 카카오뱅크는 Mobile Only를 지향하기 때문에 웹으로는 아무 것도 할 수 없다. 반면 케이뱅크는 웹에서도 '조회' '이체' '대출'이 가능하다. 생각하기에 따라 금융서비스를 웹과 앱에서 모두 제공해야 한다고 생각할 수도 있다. 하지만 바로 여기에서 선택과 집중의 차이가 나타난다.

모바일에만 집중한 카카오뱅크는 인력도 관심도 하나만 유지하면 된다. 고객들과의 응대와 기타 서비스도 하나만 생각하면 된다. 온리원이 무서운 이유가 여기에 있다. 앞으로도 카카오뱅크는 웹서비스를 만들 생각이 없어 보인다. 반대로 케이뱅크는 웹서비스를 포기할 수 있을까? 이미 만들어 놓은 걸 없애는 건 어렵다. 과연 이 선택이 옳은 선택인지는 2019년을 지켜봐야 겠다.

:: **앞으로의 인터넷전문은행**

인터넷전문은행의 성장에 있어 가장 큰 걸림돌이었던 은산분리법_{인터넷전문은행 특례법}이 2018년 9월 국회 본회의를 통과했다. 이로써 산업자본의 지분이 10%에서 34%로 높아져 KT와 카카오의 투자가 가능하게 되어 앞서 이야기했던 자금 고갈 문제는 줄어들 것 같다. 덕분에 제3의 인터넷전문은행 등장에 관심이 쏠리고 있다. 2018년에 등장할 거라 예상했던 인터넷 전문은행은 아쉽게도 2019년이 되어서야 만나볼 수 있을 것 같은데, SKT·인터파크·네이버·키움증권 등 다양한 회사가 뛰어들 것이 분명하다.

제3의 인터넷전문은행이 등장한다는 건 은행업에는 또 다른 고민을 주겠지만 금융업에 종사하는 사람들에게는 또 다른 기회가 될 수 있다. 2018년 어느 정도 정비를 끝낸 은행들은 2019년 재정비를 통해 'Mobile First'를 강화해야 한다. 그러기 위해서는 은행 앱에 접속했을 때 더 많은 서비스가 아닌 더 적은 서비스를 보여줘야 하는데, 이에 대해 빠른 실천이 필요할 때이다. 주거래은행이란 장점으로 버틸 수 있는 건 얼마남지 않았다.

반대로 인터넷전문은행들은 이제 인지도가 아닌 '신뢰도'에 집중해야 한다. 아직 우리 주변을 보면 40대 이상의 경우 카카오뱅크와 케이뱅크를 쓰지 않는 사람들이 더 많다. 주거래은행을 이용해 오던 관습과 믿음이 남아있기에 섣불리 자산을 옮겨야 할 필요도 이유도 없기 때문이다. 그렇다면 이들에게 더 매력적인 게 무엇이 있을지를 고민해야 할 때다. 은행에서 은행을 덜어내는 일이 필요하다.

간편승인의
시대

'간편승인'이 없었다면 핀테크는 물론 뒤에서 이야기할 O2O 서비스, 리테일 테크는 시작도 못했을 것이다. 그 이유를 한 번 알아보자.

:: 스마트폰의 발달로 시작된 엄지결제

우선 이렇게 가정해 보자. 어떤 기업에서 정말 좋은 최신 스마트폰을 만들었다. 그런데 이 스마트폰을 사용하기 위해서는 반드시 해당 기업의 사이트에 들어가 각자의 '지문'을 등록해야만 한다. 이런 이야기를 들으면 기분이 어떨까? 별로 좋지 않다. 우리의 생체정보를 기업에 주면서까지 사용하고 싶지는 않다. 그런데 이런 일을 이미 '애플'이 했다. 물론 애플답게 감각적으로 더 예쁘게 표현했기에 아이폰5s에 Touch ID 기능이 추가된 후 전 세계 수많은 사람들은 자발적으로 자신의 지문을 등록했다. 안드로이드폰 역시 '지문인식' 기능이 기본적으로 적용되기 시작하며 우리는 아무런 거부감없이 우리의 지문을 승인수단으로 사용하게 됐고, 덕분에 '엄지결제' 시장이 열렸다.

:: 일상으로 들어온 안면인식

2017년 말 애플은 한발 더 나아갔다. 이번에는 아예 홈 버튼을 빼버린 아이폰X을 출시하며 Face ID란 기술을 내놓았다. 이 때문에 아이폰의 전면 디스플레이 상단은 보기 흉한 '노치 디자인'이 적용되었다.

언제 어디서나 화면을 스윽 쳐다보기만 하면 잠금이 해제되고 송금은 물론 결제까지 한 번에 진행되는 기술, 여기에 핀테크 기술이 적용되며 간편결제의 시대가 시작되었다. 다만 애플의 기술이 보편화되기 전에 먼저 중국의 알리바바가 스타트를 끊었다. 항저우 레스토랑에서 키오스크를 통해 주문한 후 '쳐

다보기만 하면 결제'가 되는 이 기술은 우리나라에서도 2018
년 초 경험할 수 있었다. 평창올림픽 때 알리바바는 강릉에 공

식 홍보관을 마련했는데,
이곳에 들어가기 위해서는
무조건 자신의 얼굴을 3D
스캔으로 등록해야만 했다.

스캔을 하고 들어가 키오스크를 쳐다보는 순간 로그인이 된
다. SF영화 〈마이너리티 리포트〉에서 톰 크루즈의 홍채를 인
식해 맞춤형 광고를 띄워주던 모습이 떠올랐다.

2018년 중국에서는 다양한 곳에 안면인식 기술이 사용되고
있다. 초등학교 교문에 적용된 안면인식 카메라는 출석을 체크
할 수 있으며, 경찰은 안면인식 안경을 쓰고 이를 통해 6만 명
의 군중 속에서도 범죄자를 체포하는데 성공했다는 이야기는

동영상
24시간 감시 당하는
중국인들

이미 현실이다.

뿐만 아니라 빙고박스, 징동닷컴의 무인편의점에서도 안면인식을 통해 입장이 허용되는 등 모든 곳에서 간편한 안면인식기술이 적용되고 있고, 국내에서도 상용화가 준비 중에 있다.

간편송금의
시대

간편결제와 간편송금으로 이어진 '페이'와 '챗봇'은 2018년에도 여전히 화두였다. 이와 관련된 금융소비자들의 키워드는 Rapid간편함였고, 이에 발빠르게 적응한 회사들은 빠르게 성장했다. 2018년 어떤 것들이 달라졌는지 확인해 보자.

퇴근 후 집에 가는데 너무 배가 고프다. 그런 당신을 더 허기지게 만드는 건 지하철역 앞 점포에서 풍겨오는 '닭꼬치' 냄새…. 하지만 안타깝게도 카드 한 장밖에 가지고 있지 않다. 길거리 포장마차에서 카드 결제가 될 리 없을테고, 카드 결제가 되더라도 금액이 너무 적으면 서로 민망하다. 그런데 당신의 발걸음을 멈추게 하는 문구가

보였다.

"모든 메뉴 계좌이체 및 포장 가능"

즉시 스마트폰을 켜고 간편하게 돈을 송금할 수 있다. 이렇게 송금하면 닭꼬치집 사장님은 좋아할까 싫어할까? 당연히 좋아할 수밖에 없다. 첫째, 카드 수수료가 나가지 않는다. 둘째, 잔돈 때문에 고민할 필요가 줄어든다. 셋째, 현금을 보유하지 않아도 되니 도둑맞을 위험이 없다. 마지막으로 돈을 맡기러 은행에 가지 않아도 된다. 닭꼬치집 사장님은 이 문구 하나를 적어놓은 것만으로 놓칠 뻔한 고객을 잡을 수 있었고, 고객 역시 원하는 음식을 먹을 수 있었다.

우리가 트렌드를 읽어야 하는 이유가 여기에 있다. 먼저 알고 나중에 알고의 차이는 작지만, 천천히 수익에 영향을 미친다. 만약 뭔가를 팔고 있는 입장이라면 반드시 기억해야 한다. 고객은 이미 빠르게 트렌드에 적응하고 있다. 고객보다 느리면 살아남을 수 없는 세상이 온 것이다. 그럼, 여기에서 이야기한 '간편하게 돈을 송금'하는 대표적인 서비스를 알아보자.

:: 토스, 다양한 서비스로 승부하다

편리하게 돈을 보낼 수 있는 간편송금은 2018년 더 편해지고 더 빨라졌다. 이 시장의 선두주자는 여전히 '토스'다. 2015년 2월에 시작된 토스는 2018년 7월 기준 누적 사용자 수 800만 명으로 카카오뱅크와 케이뱅크를 합친 숫자보다 많고, 기업가치 1조원을 눈앞에 두고 있는 대단한 회사다.

토스는 이제 신용등급 조회와 해외주식 투자는 물론 쌓여있던 카드 멤버십 포인트를 현금으로 바꿔주는 서비스를 출시하는 등 다양한 금융편의서비스 기업으로 거듭나고 있다. 증권사 인가를 받아 증권업을 시작하는 것도 목표로 하고 있고, 2018년 말부터는 보험 GA 서비스를 시작했다.

그런데 많은 은행들과 대규모 금융회사들 속에서 토스는 계속 살아남을 수 있을까? 물론이다. 토스는 다양한 금융서비스로 확장하면서도 '간편송금'이란 본질을 놓지 않는다. 만약 이 본질을 버리고, 종합금융서비스로 도약하려 한다면 그 순간이 가장 큰 리스크가 될 수 있다. 하지만 토스의 간편송금서비스를 이제 대다수 은행에서도 할 수 있게 된 점은 리스크다.

토스는 이에 대해 더 심플한 첫 화면을 답으로 내놨다. 대부분의 회사는 새로운 서비스가 추가될 때마다 어떻게든 사용자에게 이를 알리기 위해 첫 화면을 비우지 않고 더 채운다. 하지만 토스는 달랐다. 다양한 서비스를 하지만 첫 화면은 자신의 본질로 꽉 채우고 있다. 2017년 세계 핀테크 시장 32위에서 2018년 28위로 뛰어 오를 수 있었던 건 이런 이유 때문이 아니었을까? 지금까

지 토스의 성공과 앞으로의 성장이 기대되는 이유이다.

∷ 카카오페이의 오프라인 진출

카카오페이의 모든
것

카카오페이는 2014년 처음 출시된 후 4년만인 2018년 8월 기준 가입자 수 2,300만명, 2/4분기 거래액 4조원, 가맹점 11만개를 달성하며 1위의 자리를 지키고 있다.

2018년 1월에는 '카카오페이 카드'를 출시했는데, 이 카드를 받기 위해서는 카카오톡에서 카카오페이를 친구 추가한 후 기본형과 스카이패스카드 중 하나를 신청하면 된다. 일단 귀여운 앞모습도 인기를 끌었지만, 카카오페이의 진짜 노림수는 뒷면에 있다. 카드 뒷면의 QR코드를 인식하면 즉시 상대방에게 송금할 수 있도록 창이 열린다물론 상대방이 카카오페이에 가입되어 있어야 송금이 가능하다. 좀 더 선명한 이미지를 원한다면 QR코드를 다운받아 출력해 사용할 수 있다.

이웃나라 중국에서는 이미 오래 전부터 QR코드를 인식하는 것만으로 돈을 송금하고 결제할 수 있다. 심지어 거리에서 구걸하는 사람도 자신의 깡통에 QR코드를 붙여놓을 정도다. 이

제 우리도 카카오페이 덕분에 그 시장에 빠르게 진입하고 있다. 하지만 아무리 카카오페이로 송금할 수 있다는 걸 알아도 몇 명만 알아서는 소용이 없다. 그래서 카카오는 '요즘 사장님'이란 컨셉으로 매장에서 사용할 수 있는 '카카오페이 QR결제 키트'를 무료로 배포했다. QR코드 송금은 대형 브랜드들이 더 적극적이다. 영풍문고, 이니스프리, 엔젤리너스, 탐앤탐스, 롯

데리아, 제일제면소, CGV는 물론 롯데마트 등 비교적 저렴한 상품을 파는 곳에서 편리함 때문에 많이 이용하고 있다.

그렇다면 사용자의 입장에서 생각해 보자. '간편송금'은 내 주머니에서 다른 사람의 주머니로 현금을 보내는 걸 말한다. 만약에 오늘 마트에서 10만원어치 장을 봤다면 결제는 송금으로 하게 될까? 카드를 쓰게 될까? 당연히 포인트도 쌓이고 후불로 지불할 수 있는 신용카드를 쓰게 될 것이다. 그럼 길거리에서 만원에 파는 장미 한 다발을 사기로 했다면 어떤 결제수단을 선택하게 될까? 만약 카카오페이로 결제했을 때의 장점이 더 크다면 카카오페이를 쓰게 되겠지만 아쉽게도 그렇지 않을 경우가 더 많아 보인다. 이유는 두 가지다. 먼저 지금 통장에서 돈이 빠져나가는 것과 다음달에 빠져나가는 것의 차이

다. 마이너스 통장까지 써서 생활비를 맞추는 사람들이 많은 현재, 통장에서 돈을 이체한다는 것은 쉽지 않은 선택이다. 둘째는 편의성이다. 아직까지 물건을 결제할 때 카드를 꺼내서 내미는 것과 카메라 기능을 켜서 QR코드를 인식하는 것과는 카드가 더 편하고 익숙하다. 사람들이 편하게 사용하게 될 때까지는 조금 더 시간이 필요해 보인다. 카카오페이의 성장에 한계가 있어 보이는 건 이 때문이다.

'제로페이 서울' 공식
명칭 확정

서울택시 QR코드로
결제…알리페이도 도
입 확정

동영상
BC카드 '찍고 삽시다'

카드사, QR코드 결
제시장 진입

그런데 '제로페이 서울'이 나타났다. 박원순 시장은 서울시장 선거에서 수수료가 0원인 제로페이를 공약으로 내놨고, 2018년 12월 시범서비스를 시작했다. 더 나아가 2019년부터는 서울에서 택시를 이용할 때 QR코드 결제는 물론 알리페이도 결제가 가능하게 될 예정이다. 이런 '제로페이'는 말 그대로 소상공인들이 카드 결제를 통해 내야 하는 수수료를 '제로'로 만들겠다는 것이다.

사면초가에 몰리게 된 건 '카드사'와 'VAN밴사'다. 지금까지 이야기한 '페이'들이 지향하는 수수료 Zero는 이들의 수익을 줄인 결과이기 때문이다. 이에 대응하기 위해 카드사들도 카드사 공통의 전용 QR코드를 도입해 쉽게 결제할 수 있도록 준비 중이며, BC카드는 10월 말 QR코드 결제를 선보였다.

제로페이와 카드사의 전용 QR 두 서비스 모두 얼마나 편하게 사용할 수 있는지, 얼마나 빠르게 결제가 가능할지가 관건이 될 것이다.

:: 카카오페이와 지방자치단체의 제휴

지방자치단체들과 카카오페이는 2018년 꽤 많은 협업을 했다. 특히 경기도 스마트고지서 송달·수납자로 선정되어 카카오톡을 통해 지방세를 고지받고 납부까지 한 번에 할 수 있게 되었다. 덕분에 주민세·재산세 등 세금을 낼 때 은행 홈페이지에 들어가 보이지도 않는 메뉴를 찾아야 할 필요가 사라졌다.

:: 카카오페이와 금융기관의 제휴

카카오페이로 결제를 하기 위해서는 미리 충전해 놓은 카카오머니를 사용하거나 연계된 은행 계좌를 사용해야 하는데, 매번 충전해야 하는 번거로움을 해결하기 위해서는 제휴 맺은 은행의 통장을 사용해야 한다. 이에 따라 IBK기업은행, 농협은행, 수협은행 등은 각각 연계된 예·적금 통장을 만들었다. 삼성페이는 신한, 우리, 하나은행과 제휴를 맺었고, 페이코는 SC제일, 하나은행과 제휴를 맺었다.

그런데 여기서 농협과 수협이 카카오페이와 제휴를 맺

은 이유는 무엇일까? 이는 가입자의 연령대를 보면 알 수 있다. 2018년 2월 출시된 NH×카카오페이 통장의 가입고객 중 61.4%가 30대 이하이다. 농협과 수협은 그 상징성만큼 오래된 곳이기에 젊은 세대들의 발걸음이 쉽게 향하지 않는 곳들인데 카카오와 상품을 출시했다는 사실만으로 이미지를 젊게 하는데 성공했다. 마찬가지로 은행들이 각종 페이들과 제휴를 하는 이유는 '수익성'도 있겠지만 향후 소비 주체로 떠오를 10~20대의 마음을 지금부터 사로잡겠다는 이유도 있다.

카카오페이는 또 2018년 9월부터 교보생명, 삼성생명, 현대해상을 비롯한 20개 보험사와 업무협약을 맺고 인증 서비스를 제공하고 있다. 기존에 보험회사의 홈페이지를 이용하려면 공인인증서로 인해 가입절차도 복잡하고 로그인을 하기 위해서는 엄청난 시간을 소비해야 했다. 하지만 이제 카카오페이를 쓰는 사람이라면 누구나 쉽게 인증절차를 거쳐 로그인은 물론 정보변경, 환급금 신청, 약관 대출 등의 서비스를 이용할 수 있게 되었다. 이를 가능하게 한 건 카카오페이 인증에 쓰인 '블록체인' 기술 덕분이다. 카카오페이는 인증서비스를 제공하는 것에서 한 발 더 나아가 '보험료 간편결제서비스'까지 제공하고 있다. 물론 이미 주거래카드, 주거래은행과 연계시켜 놓은 보험가입자라면 쉽게 카카오페이로 이동하지는 않겠지만 은행의 사례처럼 젊은 고객들을 흡수하고 젊은 이미지를 가져가는 전략으로 봐야 한다.

카카오페이는 2018년 10월 바로투자증권을 인수했다. 이를 통해 간편송금과 결제뿐 아니라 투자까지 확장될 예정이다. 카

카카오페이와 손잡는 보험사...인증서비스 '봇물'

카오에서 시작해 카카오로 끝나는 금융서비스는 이미 빌게이츠가 이야기한 '금융은 서비스만 남는 세상'이 얼마남지 않았음을 보여주고 있다.

:: 중국의 QR코드 간편결제와 카카오페이의 미래

우리나라 간편결제시장의 미래를 이해하기 위해서는 중국의 현재를 볼 필요가 있다. 중국은 관광지가 아닌 경우 수도 베이징이어도 카드 결제가 되지 않는 곳이 많다. 그러나 QR코드 결제를 미리 준비해 가면 더없이 편한 곳이 중국이다.

음식점 '시베이요우멘춘'에서는 주문, 결제, 영수증 발행, 팁 등 모든 것이 QR코드 인식으로 가능하다. 입구에서부터 QR코드로 대기번호를 뽑는다. 자리에 앉으면 종업원을 기다릴 필요 없이 다시 QR을 스캔한 후 연결된 메뉴판에서 음식을 주문한다. 음식을 먹으면 결제까지 QR코드로 가능하다. 불러도 대답 없는 종업원을 기다릴 필요가 없고, 종업원의 입장에서도 주문

을 외우지 못해 실수할 일도, 대기손님에게 눈총을 받을 일도 없다. QR코드의 적용 하나만으로 모두의 시간을 절약해 주고 있다.

QR코드가 쓰이는 곳은 음식점만이 아니다. 편의점이나 상점에 있는 모든 물건에는 전자가격표시기가 붙어 있고, 여기에  는 각각 QR코드가 부여되어 있다. QR을 스캔하면 상품에 대한 다양한 정보들을 스마트폰에서 확인할 수 있다. 상품을 손에 들고 '이게 뭐에 쓰는 물건이지?'라는 고민을 해본 적이 있는 모든 사람들의 시간을 절약해 주는 서비스다.

이 모든 것들이 가능한 이유는 10억 명 이상이 사용하는 메신저 위챗의 위챗페이와 알리바바의 알리페이 덕분이다. 빠른 속도로 QR을 스캔해 결제가 이루어지는 이 시스템 덕분에 중국의 결제시장은 더 빠르게 성장하고 있다.

여기서 우리는 카카오페이의 장점과 미래를 찾아볼 수 있다. 카카오페이는 메신저를 기반으로 했다는 점에서 '위챗페이'와 유사하다. 따라서 위챗페이가 모든 서비스를 연결했듯 카카오페이 역시 모든 서비스를 연결해 가고 있다.

단점은 앞에서 이야기한 바와 같다. 중국은 신용카드의 보급률 자체가 낮았기 때문에 즉시송금 서비스가 빠르게 정착할 수 있었다. 하지만 우리나라는 후불제에 익숙한 사회이기에 카

중국, QR로 간편결제 신시장 개척

드 결제가 되지 않는 카카오페이가 정착되기 위해서는 조금
더 시간이 필요할 것 같다.

간편투자의
시대

IT기술이 발달하며 언제 어디서나 이동하면서 간편하게 스마트폰으로 주식투자를 할 수 있는 시대가 되었다. 그리고 최근에는 'P2P 투자'와 '암호화폐 투자'가 간편투자시장에서 관심을 끌고 있다. 2018년 간편투자시장에는 어떤 기회와 위험이 있었을까?

::P2P 금융

나에게 남는 돈을 필요한 사람에게 빌려주고, 은행보다 높은 이자를 받는 것을 두 글자 전문용어로 '사채'라고 한다. P2P 금융은 돈이 필요한 사람과 돈을 빌려줄 수 있는 사람을 플랫폼으로 모아 투자와 대출을 돕는 '디지털 사채'라고 생각하면 쉽게 이해할 수 있다.

우선 긍정적인 점부터 보자. '테라펀딩'에서 2017년 8월에서 2018년 8월까지 1년간 대출받은 데이터를 분석한 자료를 보면 사업자금, 가계자금, 대환자금 순으로 대출받은 것으로 나타났다. 대출자의 경우 급전이 필요해 대부회사에서 주택 담보로 15% 대출을 받아 이용하다 테라펀딩으로 갈아타니 8.2%의 금리가 적용되어 약 2,000만원의 이자비용이 절감되었다는 사례도 있다.

게다가 정부의 부동산 정책과 맞물려 은행에서 대출받기가 어렵고 대출금액도 원하는만큼 나오지 않는 상황에서 P2P 금융을 이용하면 집값의 80~90%까지 대출이 가능하다. 물론 금리는 10~12%로 높지만 급하게 돈이 필요한 사람들에게는 대부업체보다 훨씬 저렴하다 보니 P2P의 문을 두드리는 사람들이 많아지고 있다.

다만 리스크 역시 무시하지 못할 정도로 커졌다. 2018년 P2P 금융회사들의 숫자는 207개인데, 이 중 접속이 불가능한 회사는 82개 이상으로 늘었다. 3위까지 갔던 '펀듀'는 연체가 장기화되며, 결국 대표가 해외로 도주하는 일이 벌어졌다. 피

대형 P2P 업체 연쇄
부도 위기

해자는 약 2,800명, 피해액은 210억원을 넘는다. '헤라펀딩'은 130억원 연체 후 부도처리되었고, 50억원을 연체·부실처리한 '2시펀딩' 역시 대표가 해외로 도주했다.

청와대의 국민청원에는 관련 업체들의 조사를 요구하는 청원들이 꾸준히 올라오고 있다. 청원 중 하나인 '오리펀드'의 경우 평균 20%의 수익률을 미끼로 사업 시작 3개월만에 200억원의 투자금을 확보한 후 잠적했다. 심지어 금괴를 투자상품으로 내세운 경우도 나왔다. '폴라리스펀딩'은 1kg짜리 금괴 123개를 담보로 20%의 수익보장, 최대 9% 리워드를 보장했는데, 물론 이 상품은 사기였다. 여기에는 2017년 11월부터 2018년 6월까지 무려 1,200명이 135억원을 투자했다가 피해를 당했다.

사업에 리스크만 있다면 P2P 금융시장이 성장하기는 힘들다. 분명 장점이 있다. 앞에서 이야기했듯 대출을 받고자 하는 사람들 입장에서 P2P는 대출금액 및 이자 면에서 매력적이다. 투자자의 입장에서도 은행보다 약간이라도 높은 이자를 얻을 수 있다면 소액이라도 투자하고 싶은 게 사람의 마음이다.

'가짜 금괴로 20% 수익' 꾀어 135억 가로채

P2P 대출에 '기관' 참여…중금리 대출 쉬워진다

P2P 업체들은 이 점을 잘 활용해 좀 더 디테일한 투자처에 대한 정보를 제공하는 한편, 마치 주식에 분산투자하듯 자동분산 투자서비스를 만들어 일정금액을 투자해 놓으면 '알아서' 분산 투자를 하여 수익이 나는 서비스를 제공하고 있다.

하지만 투자가 쉽다는 건 그만큼 '잃기'도 쉽다는 것을 뜻한다. 그렇다 보니 아무리 투자가 '본인'의 몫이라고 하지만 어느 정도의 보호는 필요하다. P2P 금융사들이 은행, 카드, 보험사들과 손을 잡는 이유이기도 하다. 이를 통해 P2P 금융사들은 '신뢰'를 얻고, 금융사들은 '고객창출'이라는 이해관계를 달성해 나가고 있다.

2019년에도 P2P 금융시장은 혼란과 정비가 계속될 것으로 보인다. 다만 두 가지 긍정적인 조짐이 보이고 있다. 먼저 대형 금융회사들과 P2P 금융사와의 제휴가 더 많아질 전망이다. 대형 금융회사의 경우 빠르게 성장하고 있는 고객의 P2P 니즈에 대응하기 위해서는 자체적으로 서비스를 기획하기보다는 관련된 스타트업을 양성하거나 제휴를 맺는 게 더 빠르기 때문이다. 두 번째는 정부의 가이드라인 지정이다. 아직 제대로 입법된 게 없어 무법이 많고 혼란스러운 시장이기에 적절한 규율과 규제가 필요한데, 이에 대한 법안이 준비 중에 있으니 기대해 볼만하다.

보험사, P2P 금융시장 뛰어든다

:: P2P 크라우드펀딩

2018년은 '책의 해'인데, 특히 에세이가 두각을 나타냈다. 그 중에서도 독특한 제목으로 눈길을 끈 건 『죽고 싶지만 떡

우울증 에세이 『죽고 싶지만 떡볶이는 먹고 싶어』 정식출간

백세희

모인금액
12,887,040원 859%

남은시간
0초

후원자
984명

펀딩 성공
목표 금액인 1,500,000원을 달성했습니다.
결제는 2018년 6월 22일에 진행됩니다.

빌려주기가 마감되었습니다

볶이는 먹고 싶어』라는 책이다. 저자가 정신과 상담을 받았던
일상을 엮은 책인데, 이 책이 특별한 이유는 '크라우드펀딩'을
통해 먼저 출간되었기 때문이다.

앞에서 이야기한 P2P 금융이 본격적으로 돈이 오고가는 '대
출'에 특화된 금융서비스라면, 투자한 사람들에게 '실물'을 주
는 걸 '리워드'라고 한다. 리워드 펀딩사이트로 유명한 곳은 텀
블벅과 와디즈가 있는데, 이 두 곳의 2018년을 살펴보면 크라
우드펀딩의 리워드 시장을 어느 정도 읽어낼 수 있다.

텀블벅은 IT 제품들보다 문화·예술과 관련된 쪽에 특화되
어 있다. 덕분에 2018년에는 출판과 관련된 프로젝트들이 많
아지며 본격적으로 '북펀딩'의 시대가 열렸다. 북펀딩 중 가장
성공을 거둔 책 중 하나가 『검은사전』이다. 전 세계 악마들을
모두 모아 소개하겠다는 취지로 만들어진 책인데, 끊임없이 투
자가 이어져 6,956%, 약 1억 4,000만원의 투자금을 모으는

전세계 악마들 총집합, 마물들을 모아놓은 '검은사전'

모인금액
139,121,000 원 6956%

남은시간
0 초

후원자
8591 명

펀딩 성공
목표 금액인 2,000,000원을 달성했습니다.
결제는 2018년 10월 3일에 진행됩니다.

데 성공했다.

　이 출판사의 의도는 '전 국민을 대상으로 하지 않고, 관심있
는 덕후에게만 팔겠다'는 것으로, 이 책만이 아니라 한국의 괴
물 정보를 모은 『동이귀괴물집』은 7,268%를 달성하는 등 대
부분의 책들을 크라우드펀딩을 통해 출판하고 있다. 이처럼 살
사람을 미리 정해놓고 만드는 소량생산의 시대, 개인화·맞춤
화는 이렇게 연결되며 새로운 트렌드를 만들어 내고 있다.

　와디즈의 리워드는 다양한 카테고리와 다양한 제품군을 가
지고 있는 게 특징이다. 출판 쪽도 『퇴근 후 1분, 아이에게 아
빠를 선물하는 아빠놀이 백과사전』의 경우 3,000%가 넘게 펀
딩되었을 정도로 활성화되어 있지만, 나머지 제품들에서 더 많
은 강점을 가지고 있다. 텀블벅과의 확연한 차이를 찾자면 '투
자형' 크라우드펀딩이라는 점이다.

　투자형 크라우드펀딩은 다시 '주식형'과 '채권형'으로 나뉜
다. 주식형은 창업 초기 기업들스타트업의 주식에 투자를 하는
개념으로, 향후 주식이 오르면 차액이나 배당으로 보상받을 수

와디즈

있는 형태다. 이 경우 수익률은 특정할 수 없다. 채권형은 회사에서 채권돈을 빌리고 써주는 증서을 발행해 돈을 빌리는 걸 말하는데, 보통 영화·공연 등의 채권과 스타트업의 채권이 대표적이다. 이 경우 주식은 가질 수 없고, 투자에 따른 보상은 '이자'다. 채권형과 주식형 둘 다 일반투자자가 투자할 수 있는 한도는 한 기업당 500만원이고, 1년에 총 1,000만원까지만 가능하다소득적격 투자자는 한 기업당 1,000만원, 1년 총 2,000만원 한도 내에서 투자할 수 있다.

2018년 상반기 전체 투자형 크라우드펀딩은 총 94건을 성공해 173억원을 모집했다. 이 중 와디즈는 전체 투자 건 중 62%에 해당하는 59건을 성공한 독보적인 1위 업체다. 와디즈는 특히 도시재생사업 활성화와 같은 의미있는 일뿐 아니라 싱가포르 투자형 크라우드펀딩 1위 업체 '펀디드히어'와 전략적 업무협약을 체결하는 등 글로벌로 나설 준비를 하고 있다.

최근 금융위원회가 발표한 '크라우드펀딩 활성화' 방안에 따라 한 회사가 크라우드펀딩을 통해 모을 수 있는 자금도 7억원에서 20억원까지 확대되는 등 다양한 호재에 따라 와디즈는 2019년 코스닥 상장을 준비하고 있다.

P2P 크라우드펀딩 시장을 알고 싶다면 와디즈와 텀블벅 이 두 곳은 계속 지켜봐야 한다.

:: 가상화폐(암호화폐)

암호화폐라는 이름으로 더 굳어지게 된 가상화폐는 2018년 참 바쁜 한 해를 보냈다. 대표 주자인 비트코인은 2017년 12월 2,500만원까지 올랐다가 2018년 9월 750만원까지 떨어졌다.

여기에는 전 세계적인 규제도 한몫했다. 2018년 6월 일본 금융청은 6개 암호화폐 거래소에 업무개선 명령을 내렸고, 중국 역시 가상화폐 거래는 물론 ICO가상화폐 공개와 채굴까지 금지하며 관련 업체들의 위챗 계정도 폐쇄했다. 우리나라도 2018년 1월 소위 '가상화폐 실명제'가 시행되었다. 그 전까지는 거래하는 사람들이 누구인지 묻지도 따지지도 않고 거래되었다가 투자자 보호 차원에서 실명확인을 통해 확인된 계좌만 거래할 수 있도록 했다.

이보다 더 큰 이슈는 거래소였다. '가상화폐 거래소 해킹'이라고 검색만 해도 수많은 기사들이 검색될 정도다. 2018년 1월 일본 가상화폐 거래소 '코인체크'는 580억엔을 도난당했고, 9월에는 '자이프'에서 67억엔 규모의 가상화폐를 도난당했다. 우리나라에서도 6월 '빗썸'은 189억원, '유빗'은 자산의 17%인 172억원의 손해를 봤다. 문제는 고객들에 대한 보상인데, 대부분 해킹시 투자자들에 대해 거래소마다 보상체계가 다르고 손해배상이 제대로 명시되어 있는 곳이 드물었다. 하지만 이러한 상황에서도 2018년 7월 한국블록체인협회가 진행한 '가상화폐 거래소 보안성 등에 대한 자율규제 심사'에서는 빗썸을 포함한 심사대상 12곳 전부가 합격점을 받은 건 생각해봐야 할 문제다.

동영상
'가상화폐 350억 도난' 빗썸도 당했다

해킹에 책임 안진다는 가상통화 거래소 약관

:: 블록체인
블록체인을 가장 단순하지만 확실하게 설명할 수 있는 말은 '공공 거래장부'이다. 즉, 참여한 모든 사람이 모든 거래내역을

〈기존 중앙집중형 네트워크〉

〈블록체인형 네트워크〉

동일하게 가지고 있어 한 명이 가진 장부가 해킹되더라도 다른 사람들의 장부가 체인으로 연결되어 있기 때문에 쉽게 분실·도난당하지 않으며, 이 때문에 보안 유지에 탁월하다. 알리바바의 마윈이 가상화폐는 '거품'이고, 블록체인은 '솔루션'이라고 말한 것도 이러한 이유 때문이다.

분실·도난이 안 된다는 건 '변조'하기도 어렵다는 말이다. 덕분에 온라인 투표에 적용되는 경우가 늘고 있다. 미국 웨스트버지니아주는 '사전투표'에 블록체인을 도입하기로 했고, 우리나라에서도 중앙선거관리위원회가 온라인 투표시스템을 개발하고 있다.

물류시스템의 공급망 관리에도 블록체인이 적용되고 있다. 세계적인 유통기업 월마트에서는 블록체인을 물류에 적용했는데, 블록체인 적용에는 두 가지 장점이 있다. 첫째, 이를 활용하면 농산물을 거래할 때 출하시기와 납품시기를 임의대로 변경하거나 변조할 수 없다. 둘째, 장부의 효율화다. 컨테이너 하나를 나라에서 나라로 이동시키게 되면 수반되는 문서처리

'사전투표에 블록체인 도입' 美 웨스트버지니아주

동영상
Walmart's food safety solution using IBM Food Trust built on the IBM Blockchain Platform

작업만 200개 이상인데, 블록체인 방식을 쓰면 이런 문서작업을 줄일 수 있다. 이런 장부상의 효율성으로 인해 삼성SDS는 '스마트 계약'에 초점을 맞춰 기술을 개발했고, 이는 관세청의 수출통관기술에 적용될 예정이다.

삼성SDS, 수출 통관에 블록체인 도입

스마트폰으로 금융거래를 할 때 매번 공인인증을 해야 하는 불편이 있었지만 카카오페이가 2017년 7월부터 선보인 '인증서비스'는 블록체인을 기반으로 공인인증서를 대체했다. 그리고 카카오라는 이름이 주는 상징성과 쉬운 접근성 덕분에 카카오페이를 통한 인증은 AIA생명, 롯데멤버스, 르노캐피탈, DB손해보험 등 금융권에서 다양하게 사용되고 있다. 은행권 역시 마찬가지로 블록체인 기반의 인증 '뱅크사인'이 8월 오픈되어 이제 공인인증서의 망령에서 벗어날 수 있는 길이 열리고 있다.

은행도 블록체인 공인인증, 보안 높인 '뱅크사인' 오픈

모두가 장부를 가지고 있기 때문에 서로 간의 계약이 명확해지는 블록체인의 장점은 국가 간의 장벽을 넘는 송금에도 사용되고 있다. 2018년 6월 앤트파이낸셜알리바바의 금융자회사은 블록체인 기반의 송금서비스를 시작했는데, 이 방식을 통해 홍콩에서 필리핀까지 송금하는데 3초밖에 걸리지 않았다. 해외 송금을 하기 위해 반드시 알아야 하는 은행식별코드인 스위프트코드, 계좌번호, 이름, 은행명을 체크해야 하는 점검시간이 줄어들었기 때문이다.

동영상
중국 알리바바, 블록체인 기반 해외 송금 서비스 개시

'3초만에 송금' 알리페이, 블록체인 송금 서비스 개시

It's IT Trend 05

2019
핀테크 예측

암호화폐가 세상의 모든 화폐를 바꿀 것이라고는 생각되지 않는다. 더군다나 투자 측면에서만 너무 활성화되다 보니 화폐의 조건 중 '교환가치'는 없고 '투자가치'만 강조되어 앞으로도 당분간 거래소시장의 화폐들은 '투자' 외에 다른 가치를 발견하기는 힘들어 보인다. 다만 암호화폐를 일상에서 사용하려는 움직임들이 나타나고 있다.

티몬의 의장이자 테라의 대표 신현성 씨는 암호화폐의 가격 변동성 문제와 실사용 사례를 개선해 티몬과 배달의민족에서 사용가능한 '테라페이'를 구축하겠다고 밝혔다. 네이버의 라인플러스는 2018년 8월 암호화폐 '링크'와 자체적인 블록체인 네트워크 '링크체인'을 공개했다. 링크는 다른 가상화폐와 달리 ICO 암호화폐 공개를 진행하지 않은 것이 특징으로, 사용자들은 링크와 연계된 서비스에 가입해 활동하면 암호화폐 '링크'를

라인, 자체 개발 암호화폐 '링크' 공개

얻을 수 있다. 테라페이와 링크 모두 암호화폐의 활용을 강조하고 있다. 특히 링크가 별도의 ICO를 진행하지 않은 것에서 지금까지의 암호화폐가 보여준 '실용성'과 '투명성'에 대해 다시금 생각해 보게 된다.

블록체인은 2018년까지가 준비기간이었다면 2019년은 활용에 초점이 맞춰질 것이다. 특히 2019년에 발행될 100억원 규모의 지역화폐에 주목해야 한다. 우리가 알지 못하는 지역화폐가 90종이 넘고 연간 3,100억원 규모로 발행되고 있는데, 대부분 상품권의 형태이다 보니 간편결제의 시대에 어울리지 않고 불편하다. 하지만 KT가 김포시와 체결한 협약내용을 보면 화폐 발행, 중개자 없는 직접결제, 분산원장 등 앞에서 이야기한 블록체인의 모든 장점이 들어있고, 여기에 더해 지역화폐를 현금으로 바꿔 입금받는 것도 가능해질 전망이다.

간편송금은 앞서 말한 것처럼 카카오페이로 촉발된 QR코드 시장과 카드사들이 만드는 통합QR 간편결제시장에 주목할 필요가 있다. 또 2019년 상반기에 쏟아져 나올 다양한 정부 주도 '페이'들의 현장 적용성, 알리페이와 카카오페이의 연결이 잘 될 것인지도 놓치지 말고 지켜봐야 한다.

인터넷전문은행은 역시 앞서 이야기했듯 은산분리법의 규제 완화로 산업자본이 최대 34%까지 지분을 늘릴 수 있게 된 바, 과연 제대로 된 새로운 서비스를 만들어낼 수 있을지, 기존 사업경쟁력을 강화할지 기대된다. 또 제3의 인터넷전문은행은 어디가 될지도 관심있게 지켜보자.

자산관리시장에서의 간편투자 서비스는 2019년 가장 크게

경쟁이 일어날 분야다. 2018년 11월 카카오페이는 투자 서비스를 시작했다. 10% 전후의 수익을 낼 수 있는 중위험상품으로 구성된 '크라우드펀딩'을 먼저 시작했는데, 투자 첫날 4시간 20분만에 투자상품 4개 모두가 완판됐다. 향후에는 CMA, 주식·채권 등 다양한 상품으로 확장할 예정이다. 카카오페이의 투자 서비스가 무서운 이유는 '간편'하기 때문이다. 카카오톡에서 사용할 수 있기 때문에 별도의 회원 가입이 필요없고, 주식투자에 필요한 예치금 통장이나 별도의 계좌도 만들 필요가 없다.

투자를 쇼핑하도록 간단하게 만든 카카오페이, 보험업에 뛰어든 토스, 아직 국내 시장에는 들어오지 않았지만 일본에서 자산관리서비스를 확대하고 있는 라인까지 2019년 재테크·자산관리시장은 그 어느 때보다도 뜨거워질 전망이다.

:: 앞으로 10년, 변하지 않을 것은?

더 빠르고, 더 편하며, 더 안전한 금융에 대한 기대는 변하지 않을 것이다. 송금과 결제는 더 쉽고 빠르게 변해야 하며, 그만큼 개인의 돈은 소중하게 지켜져야 한다. 물론 이 중심에는 금융 소비자와의 빠르고도 정확한 '소통'이 있어야 하며, 앞으로도 변하지 않을 부분이다.

Part 4

크리에이터를
읽　　　　다

뉴미디어의
시대

2015년 시작한 팟캐스트 〈송은이&김숙의 비밀보장〉은 BGM_{배경음악} 없이 시작했던 작은 도전임에도 불구하고 2018년까지 예능분야 1위를 유지했다. 그 중 한 코너였던 〈김생민의 영수증〉은 엄청난 인기에 힘입어 공중파에 진출하기도 했다. 휴게소에서 뭔가를 먹어야 한다는 이영자 씨의 멘트는 〈전지적 참견시점〉의 '영자 미식회'로 이어졌고, 김숙 씨가 올렸던 한 장의 먹방 인증샷은 tvN의 〈밥블레스유〉로 탄생했다. 뿐만 아니라 프로젝트 걸그룹 '셀럽파이브'는 공중파에 등장하기도 했다. 이처럼 정말 재미있지만 불러주는 곳이 없었던 게스트_{연예인}들이 다시 공중파를 넘나드는 일, 어떻게 가능했던 걸까? 그 뒤에는 송은이 씨의 기획이 있었고, 스스로 무대를 만들어 낼 수 있는 '뉴미디어'가 있었기에 가능했다.

2015년 시작해 2017년 종료한 〈마이리틀텔레비전〉은 아

26년차 코미디언 송은이가 만든 '제8의 전성기'

동영상
밥블레스유 스페셜

동영상
Celeb Five(셀럽파이브)

동영상
두니아 여행 꿀팁 안
내서

프리카TV의 형태가 공중파에서도 가능하다는 걸 보여줬다. 2018년 방영된 〈두니아~처음만난 세계〉 역시 게임과 방송이 만난 새로운 시도를 보여준 드라마였다. 방송 중 실시간 문자 투표를 통해 방송 내용을 다르게 송출하기도 하고, 방송이라고 는 믿을 수 없을 만큼 난감한 자막 역시 재미요소 중 하나였다.

이처럼 기존의 미디어에 변화가 일어난 이유는 당연하지만 시청률 때문이다. 미디어오늘에서 조사한 자료에 따르면 오후 7~11시 지상파방송의 시청률은 50%나 줄었고, 이 중 20대 시청률은 4.74%, 30대는 7.66%에 불과했다.

지상파 프라임시간
대 시청률이 무너지
고 있다

그리고 또 하나의 이유는 누구나 저마다 손안에 스크린을 가지게 되면서 언제 어디서나 원하는 방송을 골라보게 되었기 때문이다. 이제 공중파는 케이블은 물론 넷플릭스·유튜브 등 의 온라인 채널과 시청률 경쟁을 해야 한다. 공중파의 예능을 통해 소셜미디어가 성장했고, 이제 소셜미디어의 예능이 다시 공중파로 녹아들고 있다. 2018년 7월부터 방영된 〈랜선라이 프〉는 이를 잘 보여주고 있다. 상위 1% 크리에이터들대도서관, 윰 댕, 밴쯔, 씬님 등을 메인으로 그들이 어떻게 성공했고, 어떤 식으로 작품들을 만들어 내는지를 보여주고 있다. 사실 이들의 인기에 비하면 꽤 늦은 방송 출연이었는데, 유튜브에 뛰어든 연예인들

랜선라이프

이 중간중간 이들에게 조언을 구하는 장면은 깊은 인상을 남겼다.

:: 뉴미디어의 구성요소

새로운 미디어의 등장과 성공은 시청자, 크리에이터, 플랫폼의 3요소로 이루어진다. 여기에 MCN이 더해지면 4대 요소가 된다. 물론 뉴미디어의 세계는 '영상_{유튜브}'만 있는 건 아니다. 카드뉴스와 블로그 역시 훌륭한 플랫폼이지만 여기서는 '영상'에 대한 이야기에 좀 더 집중해 보고자 한다.

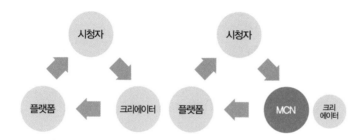

시청자

:: Z세대의 등장

'부재중 전화 3통, 실종 48시간, 사라진 딸의 흔적'

2018년 개봉한 영화 〈서치원제목 Searching〉는 스터디그룹에 간 후 연락이 안 되는 딸을 찾기 위한 아버지의 노력을 담은 영화다. 영화에서 주는 감동 포인트는 모두 다르겠지만, 많은 사람들의 관심을 끈 건 딸이 사용하던 SNS였다. 유튜브, 페이스북, 인스타그램, 유캐스트 등 다양한 SNS에서 10대들은 자신의 모습을 공개하고 대화를 나눈다.

이제 크리에이터들은 예전과 다른 흐름을 읽기 위해 이들 10~20대에 대한 이해가 필요하다.

동영상
[서치] 티저 예고편
공개

이런 시청자는 '기존의 세대'와 새롭게 등장한 'Z세대'로 구분된다.

Z세대의 경우 10~20세 정도의 나이로, 1995~2009년에 태어난 세대를 칭하는데 정확히 통일된 의견은 없다. 하지만 어찌되었든 Z세대는 기존의 세대와는 완벽히 다른 '종족'임에는 분명하다. 이들은 영상으로 촬영해 제출하는 과제를 너무 잘 수행한다. 아무도 가르쳐주지 않았는 데도 불구하고 스스로 배우며 익혀나간다. 이들은 직접 자신의 콘텐츠를 만드는 크리에이터와 시청자의 구분이 크지 않다. 언제든 자신이 크리에이터가 될 수 있기 때문이다.

기존의 시청자들은 어떻게 변했을까? 우선 영상을 시청하는 시간과 비율이 엄청나게 증가했다. 방송통계포털에서 조사한 자료에 따르면 일상생활에서 해마다 TV의 영향력은 줄고, 스마트폰의 비중은 높아지고 있다. 라디오, 신문, 노트북의 경우는 설 자리가 점점 없어지는 것도 주목해야 한다.

주요지표 트렌드 –
방송매체 이용행태

대중매체를 주 5일 이상 이용하는 비율에서도 스마트폰은 해마다 증가하고 있다. 특히 시청자들이 영상을 보는 시간과 장소는 꾸준히 확장되고 있는데, 이들이 원하는 건 '맞춤형'과 '신속함'이다. 내가 보고 싶은 영상을 지하철을 기다리는 짧은 시간, 엘리베이터를 타고 내릴 때의 짧은 시간에 잠깐이라도 보고 싶어한다. 그래서 유튜브는 광고를 보지 않는 서비스인 유튜브 프리미엄을 시작했고, 넷플릭스와 왓차와 같은 OTT 서비스들은 어떤 영상을 어떤 기기에서 재생하더라도 '광고'가 붙지 않는다. 결국 이용요금을 내더라도 시간을 아껴주는 서비스를 핵심으로 가져가야 한다.

:: 시청자의 눈높이가 변하고 있다

Z세대나 일반 시청자나 할 것 없이 주목해야 할 포인트가
있다. 이제 TV를 볼 때 영상만 보지 않는다는 것이다. TV를 보
면서 손안의 스마트폰으로 끊임없이 검색을 하고 채팅을 한다.
이렇게 시청자들이 하나에만 집중하지 않는다면 이에 대한 대
응 역시 달라져야 한다. 기존의 레거시 미디어들이 뉴미디어의
문법을 배워나가는 이유는 이 때문이다.

이를 제일 잘 활용한 곳이 JTBC와 스브스뉴스다. 한 자리
에 앉아 정해진 시간에 수동적으로 뉴스를 보지 않는다는 것
에 착안한 JTBC는 뉴스를 공중파뿐 아니라 유튜브, 팟캐스트
로도 송출한다. 스브스뉴스 역시 유튜브와 페이스북 등 다양한
채널을 통해 끊임없이 시청자들과 소통하고 있다.

크리에이터

크리에이터는 자신만의 특화된 노하우를 가지고 자신만의 채널을 만들어가는 사람을 말한다. 이렇게 '만들어 내는 콘텐츠'에는 영상뿐만 아니라 글과 음악 등 다양하지만 앞서 이야기했듯 지금은 영상의 시대다. 그러니 유튜브 크리에이터를 중심으로 이야기해 보자.

:: 우리나라의 유튜브 크리에이터

아마 이 글을 읽는 독자라면 유튜브 계정을 하나쯤은 가지고 있을 것이다. 그리고 '나도 한 번 올려볼까?'라며 올린 영상 덕분에 53명쯤 되는 구독자를 보유했을 수도 있다. 그런데 당신 인생의 절반도 살지 않은 어린 친구가 53만명의 구독자를 보유하고 있다면? 슬라임 장난감을 유튜브에 소개하는 초등학교 5학년 유튜버 '간니닌니' 자매 이야기다. 물론 이렇게 어린

동영상
간니닌니 다이어리

구독자 53만명 보유한 초등 5학년 유튜버

친구들의 뒤에는 부모들의 노력이 있다. 그럼에도 불구하고 콘텐츠를 만들어 내며 자기들이 즐겁지 않았다면 이렇게 큰 성공을 거두기는 어려웠을 게 분명하다.

우리에게 가장 익숙한 크리에이터는 단연 '대도서관'이다. 2014년 한 방송에서 자신의 월 수익을 3,000만원이라고 밝히며 많은 사람들을 유튜브의 세계로 뛰어들게 한 그는 현재 구독자 수 189만, 1년 17억원이란 엄청난 수익을 올리고 있다.

그런데 이보다 더 많은 구독자를 가진 채널이 있다. 바로 'ToyPudding TV'다. 토이푸딩은 기업에서 운영하는 '기업형' 채널로, 2,000만명에 육박하는 구독자를 보유하고 있다. SMTOWN 1,600만명, 방탄소년단이 있는 ibight 1,800만명, 싸이 1,230만명 등 웬만큼 유명한 채널의 구독자 수를 가볍게 뛰어넘는다. 토이푸딩의 특징은 영상에서 한마디의 말도 나오지 않는다는 데 있다. 보통 장난감을 보여주는 채널이라면 진행자의 입담이 더해져야 하는데 토이푸딩에서는 대사가 철저

동영상
토이푸딩

히 배제되어져 있다. 이 채널의 가장 인기있는 영상은 'Baby doll refrigerator toys 냉장고 장난감과 음식 장난감 놀이'로 무려 6억회 이상의 조회 수를 가지고 있다. 더군다나 이 채널은 이제 겨우 4~5년밖에 되지 않았다.

'갓튜브' 뒤에 '갓튜버'…그들은 누구인가

개인이 운영하는 채널 중에서 최고는 누구일까? 순위는 항상 바뀔 수 있겠지만 현재 개인 채널 1위는 김정화 씨가 운영하는 JFlaMusic으로 구독자는 1,000만명에 육박한다. 2011년에 시작한 이 채널은 본인이 직접 부른 노래로 구성되어 있는데, 그 중 〈Shape of you〉는 1.9억회의 조회 수를 기록하고 있다.

동영상
JFlaMusic

2위는 구독자 530만명의 정성하 Sungha jung 채널로 노래가 아닌 '연주'가 올라오는 채널이다. 2006년 당시 10살이었던 정성하 군이 연주한 〈미션 임파서블〉 주제곡이 인기를 얻으며 울리 베게르샤우센, Trace Bundy 등 쟁쟁한 뮤지션들과 협연하기도 했다. 이제는 자신의 앨범도 내고 2NE1, GD 등 유명 가수들과 함께 공연을 하기도 한다.

3위는 천상계 먹방으로 유명한 밴쯔다. 2013년 5월 아프리카TV에서 시작한 채널은 2016년 유튜브로 옮겼음에도 불구하고 2016년 10월 최초로 구독자 100만을 돌파했고, 현재 290만을 넘는 채널이 됐다.

4위는 280만 이상의 구독자를 가지고 있는 영국남자로, 말 그대로 영국사람 조쉬가 한국 음식과 문화를 경험하면서 영상을 제작해 올리는 채널이다. 영국남자는 엄청난 섭외력으로도 유명한데, 영화〈어벤져스〉배우들이 한국을 방문했을 때 그들에게 한국 음식을 소개한 영상은 조회 수 1,000만을 넘기며 인기를 끌고 있다.

이렇게만 봐도 그 유명한 대도서관 채널의 구독자 189만을 뛰어넘는 채널이 많다는 걸 알 수 있다.

:: 해외의 유튜브 크리에이터

동영상
PewDiePie

전 세계 1위 유튜버는 누구일까? 바로 7,000만명 이상의 구독자를 보유한 압도적 1위 퓨디파이PewDiePie다. 2010년 시작된 이 게임채널의 영상당 평균 조회 수는 100만이다. 퓨디파이는 게임을 하는 영상과 자신의 모습을 함께 보여주는데, 국내 대도서관 역시 이 포맷으로 방송하고 있다.

동영상
Dude perfect

또 Dude Perfect의 채널도 주목해 볼 필요가 있다. 익스트림 챌린지란 이름으로 온갖 재미있는 것들에 무모한 도전을 하는 팀인데, 영상은 2~3주 간격으로 올라온다. 이들이 만든 영상 'Water Bottle Flip 2'는 1억뷰를 넘을 정도로 인기를 끌

고 있다. 더군다나 동영상의 개수도 180여개밖에 되지 않는데
도 불구하고 3,600만 이상의 구독자로 2위를 차지하고 있다.

이처럼 해외 유튜브를 보면 구독자 수가 어마어마하다. 많은
사람들이 유튜브 시장이 포화상태라고 하지만 해외로 눈을 돌
리면 아직도 시장이 넓다는 것을 보여주고 있다. 특히 토이푸
딩, JFlaMusic, 정성하처럼 '언어'에서 자유롭다면 충분히 좋은
콘텐츠로 구독자 수를 늘릴 수 있다. 유튜버이거나 유튜브를
준비하는 개인·기업이라면 참고할 필요가 있다.

:: 크리에이터의 미래와 수입

지금까지 이야기한 크리에이터의 콘텐츠를 정리해 보면 다
음 그림과 같다. 앞으로 어떤 콘텐츠가 더 많은 인기를 얻을지
는 알 수 없다. 하지만 크리에이터들이 공통적으로 하는 말은
'하나의 장르를 정해 꾸준히 업데이트하라'는 것이다. 하나의
콘텐츠에서 대박이 나면 그가 만든 다른 콘텐츠들도 검색해
보기 때문에 동반상승의 효과가 있다. 또 하나는 콘텐츠의 '진
정성'이다. 단순히 '인기'를 끌기 위해서가 아니라 전하고 싶은
메시지가 명확하게 들어있어야 오래 살아남을 수 있는 채널이
될 수 있다.

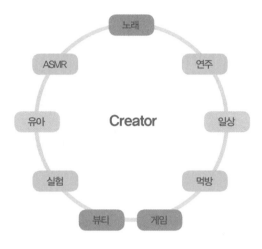

자, 이제 좀 더 궁금한 점을 이야기해 보자. 그래서 이렇게 많은 구독자 수를 보유한 크리에이터들의 수입은 얼마나 될까? 2017년 12월 포브스 기사를 보면 DanTDM대니얼 미들턴은 1,650만달러약 180억원, VanossGaming에반 퐁은 1,550만달러, 앞에서 본 Dude perfect는 1,400만달러의 수입을 올렸다. 이 수입은 2016년 6월 1일부터 1년 동안의 수입이다.

국내 유튜버들은 어떨까? 정확한 수치는 나와 있지 않지만 이들의 연간 수입은 CarrieAndToys는 약 19억원, 도티TV는 약 16억원, 대도서관은 약 9억원 정도로 알려져 있다. 이렇기에 새로운 기회와 황금의 땅 유튜브로 오늘도 사람들이 몰려들고 있다.

1년에 180억, 유튜버 소득 1위는 英 게임 방송인

수억원 번다는데...유튜버, 국세청 레이더에 걸렸나

플랫폼

앞에서 이야기했듯 콘텐츠를 만드는 크리에이터가 있고, 그들의 영상을 보는 시청자가 있다. 그런데 아무리 개인이 영상을 잘 만들었더라도 많은 사람이 볼 수 있도록 어딘가에 올려두지 않으면 쓸모가 없다. 이렇게 사람들이 영상을 올리고 영상을 볼 수 있는 공간, 이곳이 바로 플랫폼이다.

:: 유튜브

매일매일 사용하지만 잘 모를 수 있는 '유튜브'에 대해 알아보자.

2005년 4월 23일 'Meet the zoo'라는 이름으로 코끼리를 찍은 19초짜리 영상이 하나 올라왔다. 이 별것 아닌 영상이 바로 유튜브에 올라온 최초의 영상이었다. 유튜브의 시작은 2005년 2월이었다. 유튜브는 수익배분을 개인으로 확대한 2012년부

동영상
Meet the zoo

터 스타 크리에이터
들이 생겨나며 본격
적으로 성장하게 된
다. 특히 2012년은
싸이의 〈강남스타일
〉이 10억뷰를 달성

한 해이기도 하다. 처음부터 의도했던 결과는 아니었지만, 싸이의 말춤 동영상을 재미있다고 생각한 사람들이 늘어나면서 뷰는 올라갈 수밖에 없었다. 유튜브에 관심을 가져야 하는 이유 중 하나가 롱테일의 법칙처럼 이런 영상들은 시간이 갈수록 사라지는 게 아니라 조회 수는 더 올라간다는 것이다. 현재 〈강남스타일〉은 30억뷰를 넘기고 있다.

2015년 유튜브는 광고를 보지 않는 '유튜브 레드'란 이름으로 프리미엄 서비스지금의 유튜브 프리미엄를 선보였고, 2017년에는 아프리카TV의 별풍선처럼 팬들이 크리에이터에게 생방송 중 직접 현금을 보내 줄 수 있는 '슈퍼챗' 기능을 도입했다. 2018년에는 '광고수익 배분' 조건이 변경됐다. 주요내용은 채널의 1년간 전체 시청시간이 4,000시간을 넘겨야 하며, 1,000명 이상의 구독자를 보유해야 한다는 것이다. 이에 대해 반발이 많지만 구글의 발표에 따르면 2017년 채널을 보유한 사람 중 99%는 수익이 100달러 미만이고, 그들은 오랫동안 채널을 유지하지도 않는다고 한다. 이는 달리 말하면 이런 채널에 들어가는 광고비를 오히려 성실히 유튜브를 운영하는 크리에이터들에게 돌려주겠다는 의미일 수 있다.

:: 트위치

유튜브는 알아도 트위치는 모르는 사람들이 많다. 2011년 시작된 트위치는 유튜브에서 게임채널만 떼어 놓았다고 생각하면 쉽다. 2014년 9월 아마존에 인수되었는데, 그 후 기존 게임채널 외에 음식과 일상 등 다양한 분야로 확장하고 있다. 국내에서는 2016년 아프리카TV의 BJ들이 이동을 하면서 2016년 2월 15만명이었던 사용자가 121만명으로 급증하는 황금기를 가졌다. 특히 최근의 젊은 층은 유튜브보다 트위치를 더 많이 본다고 해도 과언이 아닐 정도로 성장하고 있다. 웹툰 작가 이말년도 트위치에서 '침착맨'이란 이름으로 활동하고 있다.

유튜브에 '대도서관'이 있다면 트위치에는 '풍월량'이 있다. 풍월량 역시 2016년까지 아프리카TV에서 활동할 당시 애청자 24만명, 누적 시청자 수 1억 400명의 스타 BJ였는데, 2016년 10월부터 트위치로 이동하며 2018년에는 30만 팔로워를 돌파했을 정도로 인기를 끌고 있다.

동영상
풍월량 트위치

:: 아프리카TV

아프리카TV는 2005년 W플레이어라는 이름으로 시작되었다 이때는 유튜브가 처음으로 등장한 때이기도 하다. 명실공히 국내 최대의 인

터넷방송 사이트로, 아프리카TV가 없었다면 지금과 같은 영
상 제작과 공유를 기반으로 한 생태계는 만들어질 수 없었을
것이다. 게다가 실시간으로 채널을 방문한 팬들과 끊임없이 대
화를 나눌 수 있는 시스템은 뉴미디어 시장에 한 획을 그었다
고 할 수 있다.

아프리카TV는 2007년 별풍선 제도를 도입해 성장세를 보
이다 2016년 베스트 BJ 스타들이 대거 유튜브와 트위치로 이
동하며 위기를 겪었다. 2016년 12월에는 광고수익의 60%를
배분하기 시작했으며, 2018년에는 별풍선의 하루 결제량이
3,000만원에서 1,000만원으로 축소되었다.

:: 카카오TV

카카오TV의 시작은 2015년이었지만 본격적으로 속도를 내
기 시작한 건 2017년 다음의 tv팟을 통폐합하면서부터였다.

광고를 15초 동안 봐야 한다는 건 분명 마이너스 요소였지만, 처음부터 발빠르게 공중파 방송들과 제휴를 맺어 전날의 영상들을 쉽게 다시 볼 수 있도록 하며 이용자를 모을 수 있었다.

게다가 카카오라는 막강한 플랫폼을 가지고 있다 보니 초기에는 다음tv팟의 크리에이터들과 아프리카TV 크리에이터들이 제휴해 스타 PD들이 나타나기도 했다. 다만 반드시 카카오TV에만 콘텐츠를 올려야 한다는 독점계약이 없다 보니 콘텐츠를 올리는 메인 플랫폼 외에 여분으로 하나 더 올리는 '크로스 플랫폼'으로 사용되는 경우가 많았다.

:: 네이버TV

2018년 네이버는 '아이돌'의 신곡 공개, 독점 티저 영상과 근황 영상 등을 공급하던 Vlive브이라이브와 네이버TV를 통합하여 사내회사 'V' 를 출범했다. 동영상이 대세가 되어가는 시기에 유튜브에 대항하기 위해 내린 결정이다. 2013년 출범한 네이버TV는 초창기에는 네이버의 승인을 받고 정식계약을 해야

채널을 개설할 수 있었지만 2017년 후반기부터는 일반인들도
개설할 수 있게 바뀌었다. 유튜브와 대비되는 네이버TV 의 장
점은 게임/푸드/테크/스쿨잼 등 카테고리가 잘 구분되어 있다
는 점이다

:: 페이스북 & 인스타그램

영상을 보는 목적은 재미를 위해서이기도 하지만 내가 본
재미있는 것, 유익한 것들을 다른 사람들과 공유하기 위해서이
기도 하다. 여기에 최적화되어 있는 플랫폼은 유튜브가 아닌
페이스북과 인스타그램이다.

2018년 8월 말 미국에서만 서비스되던 페이스북의 동영상
플랫폼 '워치Watch'가 전 세계로 오픈되었다. 워치는 유튜브와
넷플릭스를 목표로 하는 만큼 개인들이 올리는 영상 외에도
오리지널 시리즈의 영상을 제공하고 있다.

인스타그램 역시 2018년부터 화면 오른쪽 위에 TV 버튼IGTV을

제공하고 있다. 인스타그램은 한 번에 올릴 수 있는 동영상 길이가 60초인데 반해, IGTV를 이용하면 최대 1시간_{일반 유저는 10분까지}의 영상을 올릴 수 있는 게 특징이다.

워치와 IGTV의 관건은 개인들에게 얼마만큼의 광고수익을 줄 수 있느냐 하는 점으로 2019년에는 이 부분을 관심있게 지켜봐야 할 것이다.

페북 동영상 플랫폼
워치 출격...유튜브·
넷플릭스와 전면전

:: 틱톡(Tik Tok) – 15초의 승리

유튜브에 도전장을 내민 기업들은 많지만 틱톡과 같이 독특한 곳은 처음이다. 틱톡은 2016년 중국에서 등장한 단편영상 제작 전문 앱이다. 1일 평균 클릭 수는 억대이고, 1일 활성 사

용자는 수백만명에 달한다. 2018년 1분기 전 세계 iOS 다운로드 수는 4,500만건으로 페이스북을 제쳤다. 겨우 15초밖에 재생되지 않는 영상에 왜 사람들이 몰리는 걸까? 틱톡 영상의 핵심은 '재미'다. 얼굴을 이상한 모양으로 바꿔주거나, 춤 동작을 가르쳐 주고 배틀을 하게 만드는 '까우'와 같은 서비스는 젊은 층을 열광시켰다. 또 하나의 이유는 '속도'다. 15초는 어느 상황에서도 '버퍼링'이 걸리지 않기에 어느 순간에서나 볼 수 있다는 게 특징이다. 11월 9일에는 한국에서 최초로 '틱톡 갈라(TikTok GALA)'가 개최되기도 했다. 일단 이 앱을 모른다면 다운받고 즐겨보자. 15초 안에 알게 된다.

동영상
틱톡 갈라, 세계 크리에이터 150여 명 참여

MCN

:: MCN의 등장

영상을 만드는 크리에이터와 영상을 보는 시청자, 이 둘 사이를 연결하는 플랫폼, 이렇게 셋만 있으면 되는데 MCN이란 개념이 더 등장했다. 그 이유를 알아보자.

유튜브에 영상을 올려본 사람이라면 알겠지만, 찍는 건 쉬워도 편집하는 건 어렵고 시간도 오래 걸린다. 게다가 영상의 집중도를 높이기 위해 '자막' 작업까지 하게 되면 꽤 많은 시간을 영상 편집에 투자해야 한다. 이런 노력에 비해 유튜브를 시작한지 얼마 안 되는 사람이라면 당연하지만 수익은 없다고 보면 된다. 그런데 유튜브 채널들을 묶을 수 있다면 어떨까? 한 채널의 구독자가 1만명이라면, 2채널을 합치면 2만명이 된다. 10채널이면 10만명이다. 이 정도 숫자가 되면 유튜브 광고 외에도 외부로부터 광고를 유치할 수 있는 힘이 생긴다.

MCN Multi channel Network, 다중채널 네트워크은 이런 이유에서 생겨났다. 따라서 주로 하는 일은 앞서 이야기한 시청자 확보, 콘텐츠 기획, 공동작업, 수익관리 등 제반적인 역할 수행을 기본으로 한다. 이에 대해서는 유튜브에서 잘 정리한 내용이 있으니 참고하자. MCN에 대해 복잡하게 자세하게 알아두어야 할 필요는 없다. 어떤 곳이 있고, 왜 사업성이 있는지만 알아도 충분하다.

:: 활발하게 활동하고 있는 MCN

세계적으로 유명한 MCN들은 이미 그 가치를 인정받아 대기업에 인수됐다. 대표적으로 2012년 10대를 겨냥해 코미디, 음악, 리얼리티 쇼 등의 콘텐츠로 시작한 Awesomeness TV어섬니스TV는 2013년 드림웍스에 3,300만달러로 인수됐다. 2009년 설립한 메이커스튜디오 역시 2014년 9억 9,000만달러약 1조 1,000억원에 디즈니에 인수되어 디즈니의 디지털채널 전략의 핵심이 됐다.

국내에도 다양한 MCN이 있는데, 가장 대표적인 곳은 CJ E&M의 '다이아TV'다. 2013년 7월 시작한 다이아TV는 대도서관, 허팝, 씬님 등 유명 크리에이터와 계약을 맺고 있어 콘텐츠도 다채롭다. 파트너 수는 1,400개인데, 이 중 구독자 10만명 이상 채널은 360개 이상이다. 덕분에 구독자 수는 2016년 4,000만명, 2017년 9,000만명, 2018년 1억 6,000만명 등 해마다 수직상승하고 있다.

CJ E&M에서 팀장으로 근무했던 송재룡 씨가 2015년 설립한 '트레져헌터'는 회사 이름부터 보물 사냥꾼으로, 여기서

의 보물은 크리에이터를 말한다. 특히 크리에이터 '양띵'이 기획이사로, '김이브'가 공동이사로 함께하고 있어 콘텐츠 측면에서 감각있는 크리에이터의 도움을 받을 수 있다. 채널 수는 200개 이상, 총 구독자 수는 1,600만명 이상이다. MCN계의 '스타트업'인만큼 가능성을 인정받아 SKT, 홍콩 CEC 펀드, KBS 등 다양한 곳에서 투자를 받기도 했다.

::MCN과 함께하는 방법

그렇다면 MCN에 소속되어 활동하려면 어떻게 해야 할까? 일단 자신의 채널을 만들어 열심히 운영하는 것이 필요하지만 좀 더 쉬운 방법이 있다. 다이아TV에 들어가 상단의 'For influencers'를 클릭한 후 '가입하기/로그인'을 클릭한 후 회원가입을 하면 자신의 소셜 계정의 영향력을 분석해 준다. 그 후 왼쪽의 '파트너십 신청'에서 파트너를 신청할 수 있다.

다이아TV

2019 크리에이터 예측

: : 크리에이터 = 친근감

해마다 미국에서는 세계 최대 동영상 축제 '비드콘Video + Conference'이 열리는데, 이 행사는 커뮤니티, 크리에이터, 인더스 트리유튜브·어도비 등의 3개의 트랙으로 나누어진다. 이를 본따 국 내에서도 다이아TV가 해마다 '다이아 페스티벌'을 열고 있는

크리에이터 축제 '다
이아 페스티벌 2018'
개최

동영상
다이아 페스티벌
2018 with 놀꽃

데, 2018년 행사에는 43,000명의 관객이 모일 정도로 인기를 끌었다.

사람들이 이런 행사에 열광하는 이유는 뭘까? 우리가 길거리에서 우연히 연예인을 마주치게 되면 신기해 하며 겨우겨우 부탁해 사진을 찍게 된다. 그만큼 뭔가 현실의 나와는 거리가 있는 사람처럼 느껴지는 것이다. 하지만 크리에이터들은 다르다. 일단 유튜브에 들어가면 매일 만날 수 있고, 채팅으로 소통을 했던 사람이다 보니 마치 옆집의 잘 나가는 형과 누나를 만나는 기분이다. 그렇다 보니 이들을 바로 옆에서 만날 수 있는 이런 축제에 열광할 수밖에 없다.

이처럼 크리에이터와 유저들 간 오프라인에서의 접점은 점점 더 늘어나게 될 것이 분명하다. 이를 잘 보여주는 게 트레져 헌터에서 기획한 2018년 10월 남이섬에서 열린 '트레져 아일랜드 페스티벌'이다.

동영상
2018 남이섬에서 열
린 트아페가 잘 마쳤
습니다!!

: : 크리에이터의 시대가 오고 있다

크리에이터들의 숫자는 계속 증가할 것이 분명하다. 촬영장
비는 물론 편집에 이르기까지 비용은 물론 방법도 쉬워져 진
입장벽이 점점 더 낮아지고 있다. 더군다나 통신사들의 요금정
책 덕분에 부담없이 어디서나 영상을 볼 수 있고 송출할 수 있
는 시장이 열린 것도 주목할 만하다. 여기에 더해 각 교육기관
과 기업에서는 '유튜버 양성과정'을 활발하게 운영하고 있다.
롯데홈쇼핑과 파이브세컨즈는 쇼핑 크리에이터 아카데미 1기
를 모집했고, LG생활건강과 아모레퍼시픽도 각각 뷰티 유튜
버를 양성 중에 있다. 현대백화점 역시 공모전 '더 현대 팬페스   아모레 vs LG생건
트'를 진행하는 등 이제는 기업이 직접 크리에이터를 양성하   '뷰튜버' 직접 키운다
는 시대로 접어들고 있다.

플랫폼의 변화 역시 크리에이터 편이다. 페이스북의 동영상
서비스인 워치와 인스타그램 IGTV의 광고정책이 제대로 결정
된다면 유입은 더 커질 전망이다. 네이버쇼핑 역시 크리에이터
들이 소개하는 제품과 연계된 페이를 준비하고 있어 그 영향
력은 더 커질 것으로 보인다.

: : 앞으로 10년, 변하지 않을 것은?

앞으로 10년 이 시장에서 변하지 않을 것은 '진정성' '속도'
'화질'이다. 아무리 세상이 변한다 해도 더 느린 속도로 영상을
보고 싶은 사람은 없을 것이고, 더 빠른 속도로 보더라도 낮은
화질로 보고 싶은 사람 역시 없을 것이다. 여기에 더해 '광고'
가 너무 많아진다면 광고에 대한 피로감은 높아질 수밖에 없

다. 이 때문에 유튜브는 프리미엄 정책을 통해 광고를 없앤 서비스를 만든 것이다. 이런 흐름은 다른 플랫폼에도 영향을 미칠 수밖에 없다.

가장 중요한 것은 '진정성'이다. 하나의 콘텐츠를 꾸준히 올리며 소통하는 크리에이터를 사람들은 신뢰하고 이 진정성을 바탕으로 한 신뢰 역시 10년간 변하지 않을 주목할 만한 포인트다.

Part 5

리 테 일 을
읽 다

It's IT Trend 01

리테일
테크

: : 아마존의 27번째 희생양, 토이저러스

2018년 유통시장에서의 가장 큰 이슈 중 하나는 세계 최대의 완구유통회사 '토이저러스'의 파산이었다. 표면적인 이유는 인수합병 후 발생한 부채4억달러 규모의 만기일이 2019년인데 이를 해결하지 못할 것 같아 2017년 파산신청을 했고, 결국 2018년에는 전 매장이 폐쇄됐다. 다만 국내 롯데마트의 경우는 라이선스 계약으로 되어 있기 때문에 당분간은 계속 볼 수 있을 예정이다.

그런데 왜 부채를 막지 못한 걸까? 당연히 돈이 없었기 때문이고, 돈이 없다는 건 벌어들이는 돈과 투자받을 돈 둘 다가 없었음을 의미하며, 후자의 경우 시장에서 볼 때 토이저러스의 미래에 대한 확신이 없었기 때문이다. 그리고 더 근본적인 이유는 '아이들의 선택'이 변했기 때문이다. 아이들이 장난감보

토이저러스의 몰락...아마존에 단물 빨리고, 디지털 대응 늦고

다 스마트폰을 더 좋아하다 보니 토이저러스는 물론 '레고' 역시 2017년에는 13년만에 매출이 줄었다.

그런데 토이저러스의 파산에는 더 큰 핵심적인 이유가 하나 더 있었다. 바로 '아마존'이다. 2000년 토이저러스는 아마존과 10년간 장난감 등 어린이용품의 독점판매계약을 맺었다. 그 후 토이저러스는 자사 사이트로 들어온 고객들에게도 아마존 사이트에서 구매하도록 했다. 서로가 잘하는 부분에 집중할 수 있는 윈윈 전략이라고 생각했지만 아마존의 생각은 달랐다. 2003년부터 아마존은 다른 완구 업체들을 입점시켰다. 토이저러스에게 '장난감' 카테고리 전체를 빼앗길 수도 있다는 위기감에서 온 견제였겠지만 토이저러스 입장에서는 타격이 컸다. 급기야 2006년 소송이 시작되며 10년 계약은 파기되었고, 토이저러스는 아마존에게서 5,100만달러_{약 577억원}를 배상받는 걸로 승소했다. 하지만 이는 상처뿐인 영광이었다. 인터넷 쇼핑의 태동기에 쇼핑몰 운영의 기회와 경험을 쌓을 수 있는 시간을 잃어버린 건 돌이킬 수 없는 실수였다. 이후 부랴부랴 온라인 쇼핑몰을 다시 가동하긴 했지만 이미 아마존의 원클릭에 익숙한 소비자들의 마음을 돌리기는 힘들었다. 결국 토이저러스는 아마존에 의해 쓰러진 27번째 기업이 되었다.

:: 알리바바의 비밀은 디지털화

또 하나의 인터넷 공룡 알리바바의 매출 증가세 역시 주목할 만하다. 2018년 6월 30일 마감된 2018년 1분기 회계연도 실적으로 보면 매출 809억 2,000만위안_{약 13조 2,000억원}으로 전년 대비 61% 증가했다. 특히 신선식품 체인 '허마센성'을 비롯해 신유통을 도입하며 단순한 쇼핑몰 운영이 아닌 인공지능에서 스마트 물류까지 첨단기술을 도입하는 등 알리바바의 성공 뒤에는 모든 분야의 디지털화가 자리잡고 있었다.

중국 소매 마켓 플레이스의 연간 실사용자 수는 5억 7,600만명으로 전년도에 비해 2,400만명이 더 증가하는 등 지속적으로 성장하고 있다. 또 해마다 신기록을 갱신하며 사람들의 관심을 받고 있는 광군제의 2018년 11월 11일 단 하루 매출은 2,135억위안_{34조 7,000억원}으로 전년 대비 27%나 증가했다. 이날 국내 기업들도 락앤락 63억원, LG생건의 '후' 230억원, 미샤 64억원 등의 매출을 올렸다.

알리바바 신유통 매출 525% 급팽창

동영상
중국 알리바바 쇼핑 축제...2분 만에 1조 6천억원 팔려

11.11 GLOBAL SHOPPING FESTIVAL

Alibaba

GROSS MERCHANDISE VOLUME

¥213,550,497,011 $30,802,477,608

GLOBAL SHOPPING FESTIVAL 2018
UPDATED AT 24:00:00 (GMT+8)

:: 리테일 테크

리테일Retail은 물건을 파는 일, 즉 소매를 말한다. 따라서 고객과의 접점에서 판매가 이루어지는 모든 행위를 리테일이라 하고, 이 '모든 행위'에 IT가 접목되어 활용되는 것이 리테일 테크이다. 2016년 알리바바의 마윈은 '신소매_{新零售}'라는 말로

B2C에서 C2B모델로 전환해야, '신소매' 마윈 신제조 주창 눈길

'온라인+오프라인+물류'의 3가지가 융합된 새로운 모델을 이야기했다. 굳이 이런 거창한 이야기를 빌리지 않더라도 지금의 우리는 물건을 사는 것은 물론 파는 방법도 완전히 달라졌다. 지금까지 이야기한 각종 IT기술이 집약적이고 확실하게 나타난 분야가 바로 리테일이다.

인터넷 공룡 아마존과 알리바바, 둘의 성공과 토이저러스의 파산이 이야기하는 바는 명확하다. 변하지 않으면 살아남을 수 없다. 생존경쟁에 있어 리테일 분야에서는 어떤 일들이 벌어지고 있는지 확인해 보자.

리테일의 핵심은
IT

: : 고객관점에서의 구매패턴

우리가 평소 물건을 사는 방법은 온라인과 오프라인으로 나누어 볼 수 있다.

오프라인에서의 구매단계를 살펴보면, 매장에 도착한다 → 둘러본다 → 관심있는 물건을 본다 → 좀 더 자세하게 들여다본다 → 사진을 찍는다 → 인터넷으로 검색한다 → 가격을 비교한 후 크게 차이가 없으면 결제한다 → 꽤 마음에 드는 물건이라면 사진을 찍어 SNS에 올린다.

그리고 온라인에서의 구매단계는, 물건을 검색한다 → 가격비교를 한다 → 결제한다 → 기다린다 → 배송받는다 → 마음에 든다 → 사진을 찍는다 → SNS에 올린다 → 마음에 들지 않으면 고객센터에 전화한다 → 다시 포장하여 반송한다 → 환불하거나 다른 제품으로 돌려받는다.

| 구매욕심 | 제품검색 & 가격비교 | 주문 | 승인 & 결제 | 배송 |

이처럼 일반적으로 소비자들이 물건을 구매하는 단계는 문제인식 → 정보탐색 → 대안평가 → 구매 → 구매 후 활동으로 구분하는 것이 마케팅의 전통적인 방법이지만, 여기서는 조금 더 단순화해서 정리해 보았다. 각각의 단계에 IT기술이 접목되는데, 어떤 것이 있는지 하나씩 알아보자.

:: 구매 욕심이 생기는 단계

평소 물건에 대한 구매 욕심은 어떻게 생길까? 오프라인에서는 나들이를 가거나 아이쇼핑을 하면서 '아, 이거다' 싶을 때이고, 온라인에서는 SNS의 영향력이 크다. 특히 다른 사람이 산 물건을 보고 후기를 읽다 보면 나도 모르게 '필요해지는 순간'이 오게 된다. 그리고 이 시점에 IT기술이 적용된다.

동영상
[비콘] Estimote
Smart Beacons

카드업계, 위치기반 마케팅 '비콘→지오 펜싱' 속속 전환

오프라인에서는 '비콘Beacon'이 이용된다. 최대 100m 거리에서도 인식가능한 이 장치 덕분에 상점 주인은 지나가는 손님에게 할인쿠폰을 보내 걸음을 멈추게 할 수 있다. 다만 비콘을 활용하기 위해서는 비콘을 쏘는 단말기가 필요하고 어딘가에 비콘을 붙여놔야 하는 등 비용과 미관의 이중부담이 있다. 그래서 최근에는 '지오펜싱 서비스'가 뜨고 있다. 이는 통신사 기지국을 기점으로 가상의 울타리를 친 후 여기에 들어오는 고객들에게 마케팅 정보를 보내는 방식이다. 이처럼 비콘이 되었든 지오펜싱이 되었든 오프라인에서 배회하는 고객들에게 마케팅 정보를 보내 고객을 유인하는 일은 매우 중요하다.

온라인에서는 배너 광고로 시작된 유인단계가 페이스북과 인스타그램의 고객 타겟팅을 통해 필요로 하는 고객에게 무서울 정도로 정확하게 마케팅되고 있다. 빅데이터를 기반으로 한 광고의 정확도가 그만큼 높아졌기 때문이다.

동영상
KT GiGA 지오펜싱

:: 제품검색 및 가격비교, 주문

고객은 관심이 생겼다고 해서 바로 물건을 구매하지 않는다. 오프라인의 경우에도 마찬가지다. 눈 앞에 물건이 있고, 써보니 좋더라도 바로 구매하지 않는다. 가격 때문이다. 스마트폰이 손에 있기에 언제나 가격을 검색할 수 있다. 이때 온·오프라인의 가격 차이가 크다면 배송시간이 걸리더라도 온라인 구매를 선택하게 된다. 이처럼 오프라인에서 보고 온라인에서 구매하는 걸 '쇼루밍'이라 한다. 이러한 이유 때문에 많은 매장들이 매출이 줄거나 심한 경우 문을 닫기도 한다. 여기서 등장한 전략이 바로 '옴니 포커스 전략'이다. 이에 대해서는 Part 6 O2O 서비스 편에서 좀 더 자세히 설명해 두었다.

온라인에서의 구매는 가격비교가 기본이다. 가격비교는 세 가지 형태로 진화하고 있다. 먼저 텍스트 검색인데, 2018년 여론집중도조사위원회의 조사 결과에 따르면 네이버의 검색 점유율은 87.2%다. 즉, 물건이 사고 싶어지면 일단 네이버에서 검색한다는 말이다. 네이버의 스마트스토어에 입점하게 되면 네이버쇼핑을 통한 판매시 2%의 연동수수료만 내면 되니 네이버 페이 수수료 제외 상인들의 입장에서도 좋다. 온라인 쇼핑몰들은 스마트스토어에 관심을 가져야 한다.

둘째는 챗봇이다. 11번가의 11톡, 인터파크의 톡집사, 롯데 백화점의 로사 등 다양한 커머스형 챗봇이 고객의 질문에 답해 주고 최저가를 찾아주며 상품을 추천해 준다. 아직은 말을 걸어야만 답을 하는 수준이지만, 향후에는 점점 빅데이터를 분석해 고객의 기호와 구매 패턴에 맞는 좋은 상품들을 찾아 추천을 해주는 '먼저 제안'하는 단계로 나아갈 것이다.

마지막으로는 카메라다. 네이버의 '쇼핑렌즈'가 대표적이다. 네이버 앱을 실행한 후 카메라 버튼을 '쇼핑렌즈'로 바꾼 후 가격비교가 필요한 물건을 촬영하면 네이버쇼핑에서 검색 가능한 제품들을 알려준다. 아직 베타 버전이긴 하지만 조금 더 기

술이 발전할 경우 사진을 찍지 않고 카메라로 비추기만 해도 최저가를 검색할 수 있는 시대로 접어들 것이다.

쇼핑렌즈 기능은 네이버만의 고유 기능은 아니다. 구글은 이미 구글렌즈로 가격뿐 아니라 어울리는 스타일까지 매칭시켜주는 기능을 선보였다. 11번가 앱 역시 아직 정확하지는 않지만 사진 검색 기능을 가지고 있다.

:: 승인과 결제

2016년 공개되어 2018년 상용화에 들어간 아마존의 무인 점포 '아마존 고'는 샌프란시스코, 시카고, 뉴욕 등으로 점포를 늘려나가고 있다. 아마존 고에 접목된 수백 개의 카메라와 딥러닝 기술을 통해 고객들이 중량센서가 있는 선반에서 물건을 집으면 가상의 쇼핑카트에 담기는 기술, 계산대를 통과하면 자동으로 계산이 되는 기술Just walk out technology은 현대백화점과 제휴를 통해 2020년 국내에 선보일 예정이다.

동영상
Shopping at
Amazon Go in San
Francisco

이처럼 그냥 걸어나가기만 해도 결제가 되는 기술, 즉 이를 위한 '간편승인'과 '간편결제'는 리테일 테크의 핵심이다. 특히 결제단계는 쉬워야 한다. 토이저러스의 몰락에는 아마존의 간편결제에 비해 2~3단계를 더 거쳐야 하는 불편함이 있었다. 네이버페이의 성공 역시 공인인증서로 하는 불편한 결제가 아닌 간편결제로 쉽게 할 수 있도록 만든 기술이 있었기 때문이다.

온라인과 모바일에서의 결제는 점점 간편해지고 있다. 이게다 공인인증서가 사라진 덕분이다. 여기에 더해 아이폰으로 촉

발된 'Touch ID' 기반의 지문결제와 아이폰X 이후 안면인식이 도입되며 스마트폰에서의 결제는 더 빨라졌다. 다만 이러한 간편결제가 '삼성페이' '네이버페이' 등의 IT회사가 메인이 될 경우 고객 데이터의 공유 및 독자성을 가지지 못한다는 약점이 있다. 이런 이유로 각 유통업체들 역시 SSG페이, L페이, H월렛 등을 만들어 독자적인 길을 걸어왔다.

오프라인에서도 삼성페이, 페이코, 카카오페이 등 온·오프라인을 넘나드는 간편한 결제수단들이 생기면서 결제는 점점 더 쉬워졌다. 특히 롯데는 음파로 결제하는 '웨이브'뿐 아니라 정맥결제가 가능한 '핸드페이'를 도입했고, 이마트는 로봇카트 '일라이eli'를 만들어 쇼핑과 결제의 편의성을 더하고 있다.

이렇게 간편결제가 접목되면 매장은 본격적으로 '무인화'의 길을 걸을 수 있다. 앞서 이야기한 아마존 고가 그 시작이고, 스타벅스 역시 향후 5년간 500개 이상의 간이 무인카페를 오픈하기로 했다. 또 상하이를 중심으로 100개 넘는 무인편의점을 가지고 있는 빙고박스는 2018년 말까지 5,000개의 무인편

동영상
[이마트] 인공지능 자율주행 쇼핑카트 'eli'

스타벅스 '무인 카페 500개 운영'

의점을 오픈할 예정이라고 한다. 빙고박스는 컨테이너 박스형
태로 디자인되어 있는데 바퀴가 달려 있기 때문에 필요하다면
다른 곳으로 쉽게 이동시킬 수 있다. 아마존 고와는 달리 들어
갈 때 QR코드를 스캔하고 들어가 결제를 한 후 결제된 제품을
가지고 나오면 된다. 쇼핑몰 강자 징둥 역시 무인 오프라인 편
의점을 열었는데, 입구에서 안면인식을 해야 입장할 수 있고,
필요한 물건을 고른 후 다시 안면인식을 하면 자동으로 결제
가 된다. 이런 결제가 가능한 건 각 상품마다 RFID 태그가 달
려있기 때문이다.

미·중·일 '무인시대'
어디까지 왔나

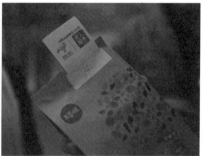

우리나라도 이마트와 세븐일레븐에서 각각 무인결제가 가
능한 편의점을 선보였다. 다만 각각의 상품을 하나씩 스캔해야
하는 불편함이 있기에 고객의 입장에서는 '새로운 서비스를
만나 편해졌다는 생각보다는 계산하는 사람의 일을 내가 하고
있다는 생각을 가지게 되는 게 단점이다. 고객지향의 편의성과
속도 이 두 가지가 무인점포의 핵심이다.

이커머스, 배송 차별
화 경쟁 '속도'에서
'편의성'으로

:: 배송단계

배송은 짧을수록 좋다. 당일배송이면 좋겠지만 대부분 국내 배송은 1박 2일 정도가 걸린다. 물론 이것도 빠른 서비스이지만 사람들의 기대는 더 빠른 배송을 원하고, 배송 역시 기대에 맞춰 더 빨라지고 있다. 배송은 두 가지 형태로 진화되었다. 하나는 '빠른 배송'이고 다른 하나는 '바른 배송'이다.

먼저 '빠른 배송'을 살펴보자. 쿠팡의 '로켓배송', 위메프의 '원더배송', 티몬의 '슈퍼예약발송' 등 배송속도는 점점 빨라지고 있다. 여기에 마켓컬리는 전날 밤 주문해도 다음날 아침에 배송해 주는 새벽배송서비스 '샛별배송'을 시작했다. 이마트 역시 '쓱배송'으로 저녁에 주문하면 아침에 받을 수 있는 배송서비스를 시작했다. 이런 새벽배송이 가능한 것은 머신러닝과 빅데이터를 기반으로 쇼핑몰의 일일 주문량을 예측하기 때문이다.

앞서 이야기했듯 온라인의 가장 큰 단점은 배송에 걸리는 시간과 맘에 들지 않을 때 반품에 걸리는 시간이다. 이 때문에

온라인회사들은 오프라인 매장을 필요로 하고 있다. 2017년 아마존이 전 세계 470개 매장을 가지고 있는 홀푸드를 인수한 이유도 여기에서 찾을 수 있다. 뿐만 아니라 드론 배송, 소비자의 집 냉장고에 물건을 넣어주는 '아마존 키', 트렁크에 넣어주는 '인카 딜리버리'까지 배송시간을 줄이기 위해 아마존은 많은 시간과 돈을 쏟고 있다.

동영상
아마존 키 서비스

2016년 1월 상하이에 오픈한 알리바바의 신선식품 전문점 허마셴성도 관심을 가져야 한다. 이 매장의 특징은 '3km 범위 내에는 30분 배달 완료 약속'이다. 매장에서 결제는 알리페이로만 가능한데, 매장 내에는 신선식품뿐 아니라 다양한 제품이 있어 배달받을 수 있다. 덕분에 근처 집값이 올랐다는 말도 충분히 이해가 간다. 중국 학습여행의 대표주자인 만나통신사 윤

승진 대표는 "이제는 냉장고가 필요없는 시대로 접어들고 있다"고 말했다. 언제 어디서나 빠른 배송이 가능한 미래, 커머스를 준비한다면 이 말을 새겨들을 필요가 있다.

　배송이 빠른 건 기본이고, 이제는 '바른 배송'이다. 빠르기만한 건 소용없다. 택배가 도착했다는 말을 듣고 설레이는 마음으로 집에 갔더니 다른 집으로 택배가 '빠르게' 도착했던 경험 누구나 가지고 있다. 쿠팡은 택배를 배송한 후 사진을 찍어서 알려주는 간단한 서비스 하나로 소비자들의 마음을 사로잡았다. 시간이 될 때마다 쿠팡 배송에 동참하는 파트타임 일자리 '쿠팡 플렉스' 역시 바른 배송으로 볼 수 있다. 대단지 아파트에 거주한다면 시간이 될 때 쿠팡 플렉스에 등록해 쿠팡 택배원들의 업무를 돕고 수익을 올릴 수 있다. 한때 택배 갑질 논란에 시달렸던 다산신도시 택배 사례에 적용 가능한 모델이다.

다산신도시 '택배 갑질' 논란

coupang 플렉스

" 아이가 학교 간 시간 틈틈이 일할수 있어요. "

국내 기업의
리테일 전략

롯데, 신세계, 현대, 홈플러스 등 국내 대표 4대 리테일 기업은 어떤 일을 하고 있고 어떤 일을 준비하고 있는지 살펴보자.

:: 신세계, 쇼핑계의 디즈니

신세계는 한마디로 '쇼핑계의 디즈니'다. 고객의 쇼핑경험을 최대한으로 이끌어내겠다는 전략은 저관여·고관여 제품을 가리지 않고 확장하고 있다. 2016년 오픈한 일렉트로마트는 '일렉트로맨'을 내세운 남성 중심의 쇼핑이 아닌 다양한 경험과 재미를 파는 곳이다. 반면 2018년 오픈한 삐에로쑈핑은 모두를 대상으로 한 'B급 감성'을 목표로 한다. 오와 열을 맞춰 물건을 제대로 진열하는 것이 일반적인 쇼핑센터의 모습인데, 삐에로쑈핑은 박스를 대충 찢어서 가격 표시를 하기도 하고, '알 만한 브랜드'라는 표시를 해놓는 등 넓은 공간을 최대한 헤매

이며 즐기게 했다. 공간이 넓으면 체류시간이 길고, 체류시간이 길수록 매출이 오르는 건 당연한 일이다. 초대형 쇼핑몰 스타필드는 거대한 크기답게 고객의 평균 체류시간은 5.5시간으로, 대형마트 1시간, 백화점 2.5시간에 비하면 두 배 이상 길다.

자체 브랜드도 꾸준히 내놓고 있는데, 2014년 1월 피코크PEACOCK, 2015년에는 노브랜드Nobrand를 런칭했다. 게다가 '일렉트로맨문화산업전문유한회사'를 계열사에 추가해 일렉트로마트의 상징인 일렉트로맨을 주제로 한 영화를 선보일 예정이다.

정용진 부회장은 "유통업의 미래는 업체 간의 시장점유율인 '마켓셰어'보다 소비자의 일상을 점유하는 '라이프셰어'를 높이는 데 달려 있다"고 말했다. 여기서 알 수 있듯이 신세계는

정용진의 '킬러 콘텐츠', 이마트 신성장동력되다

고객의 일상과 시간을 점유하여 고객을 즐겁게 하는 쇼퍼테인먼트 기업이 목표다. 따라서 모든 전략은 라이프스타일, 그리고 각각의 브랜드마다 '스토리'를 만들어 내는 걸로 이어진다.

:: 롯데, 기술로 우뚝서다

롯데의 전략은 우뚝 솟은 롯데월드타워처럼 알파고가 사람의 옷을 입은 듯한 우등생의 모습이다. 그렇다고 해서 혼자만 공부하는 스타일이 아닌 모르는 사람들에게 친절히 알려주는 공부 잘하는 전학생의 모습을 보여준다. 대표적인 건 2018년 초 오픈한 하이마트의 신개념 매장 '옴니스토어'다. 매장 안에 북카페를 두어 방문한 고객들이 충분히 휴식하며 커뮤니티를 나누면서도 필요한 물건이 있을 때에는 쉽게 경험하고 구매할 수 있도록 한 게 특징이다.

2016년 그룹 차원에서 도입한 왓슨은 2018년에 들어서며 챗봇, 입사서류 검토, 신상품 추천 등 다양한 분야에서 활동하고 있다. '핸드페이'란 이름의 정맥결제시스템을 도입한 것도 롯데가 처음이며, 음파결제방식 '웨이브' 역시 마찬가지다. TV광고에서 '옴니'를 노래 부르고, 스마트쇼퍼 등 다양한 IT기술을 선보이며 온오프의 통합서비스를 만들어가던 롯데는 2018년 여러 이슈 때문에 잠시 주춤했지만 가상쇼핑공간 VR 스트리트의 오픈, KT와 협업해 기가지니를 통한 '음성쇼핑' 도입 등 다양한 기술을 꾸준히 선보이고 있다. e커머스 사업본부의 공식 출범은 물론 AI서비스 브랜드를 통합하는 등 내실 다지기에 나선 롯데의 2019년이 기대된다.

롯데홈쇼핑, 가상 쇼핑 공간 'VR 스트리트' 오픈

롯데·KT, 'AI 장보기' 서비스

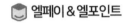

Smart Shopper

Smart Store

∷ 홈플러스, 따뜻한 햇살 좋은 동네 광장

국내 2위 매출을 달리는 홈플러스의 이미지는 동네 광장이다. 4차산업혁명의 시대에 걸맞는 화려한 기술은 없지만, 상품의 판매라는 본질에 충실한 곳이다. 그런 홈플러스가 2018년 3가지 새로운 서비스를 시작했다.

먼저 자체 브랜드인 '심플러스'다. 이마트에는 노브랜드와 피코크가, 롯데마트에는 프라이스 온리가 있는데, 자체 브랜드가 없었던 홈플러스는 가심비와 가성비를 잡겠다는 의미를 가진 심플러스를 런칭했다. 이제 3사의 PB전쟁이 시작되었다.

두 번째 서비스는 '홈플러스 스페셜'이다. 이마트 트레이더스처럼 창고형 매장을 목표로 한다. 여기는 대형마트와 창고형 매장의 장점 모두를 가지고 있는 게 특징이다. 홈플러스 스페셜은 새롭게 부지를 마련해 짓는 게 아니라 기존의 점포를 활용하여 2018년 8월 목동점에 처음 도입되었다. 작은 용량을 원하는 1인가구는 물론 대량 구매를 원하는 자영업자들까지 만족시키는 걸 목표로 하기 때문에 상품 구성도 잘 갖추어져 있다.

마지막은 코너_{모퉁이}에 있다는 의미의 '코너스'로, 지역밀착형 커뮤니티를 목표로 한다. 여기에서는 유소년 축구클럽, 옥상 풋살파크, 청년 창업 브랜드, 싱글맘 쉼터, 폴리마켓 등 하이마트의 옴니스토어보다 더 목적이 있는 모임을 가능하게 만들고 있다.

:: 현대백화점그룹, 세련되고 고급진 프리미엄 서비스

현대백화점그룹의 이미지는 정장을 차려입고, 두 팔을 걷어붙인 비즈니스맨의 모습이 상상된다. 세련되고 고급화되어 있고, 프리미엄을 고수하며 기술적 우위는 물론 많은 서비스들을 천천히 준비하는 신중함이다. 현대백화점은 이미 VR 매장, 챗봇-헤이봇은 물론 삼성 패밀리허브 냉장고에 입점하기도 했다. 2018년 아마존과 '미래형 유통매장 구현을 위한 전략적 협력 협약'을 맺어 아마존 고의 '저스트 워크 아웃' 기술을 2020년 현대백화점 여의도점에 적용할 예정이다.

2019
리테일 테크 예측

:: 구글 그리고 카카오

2019년 가장 주목할 만한 것은 구글쇼핑의 한국 진출이다. 구글쇼핑의 한국 진출은 몇 년 전부터 나왔던 이야기지만 2018년 말 구글 홈 스피커의 한국 출시와 더불어 좀 더 구체화됐다. 이미 신세계그룹, CJ, GS 등의 회사들과도 제휴를 맺은 상태라 '탈 네이버쇼핑'이 될 것으로 기대를 모으고 있다.

특히 구글 홈 스피커와 연동됨은 물론 스마트폰 안에 있는 구글의 인공지능 어시스턴트와 언제든지 연결될 수 있다는 점을 주목해야 한다.

카카오는 2018년 12월 전자상거래 관련 사업부문을 분할해 '카카오 커머스'를 신설했다. 여기에는 카카오톡 선물하기, 스토어, 카카오 장보기, 카카오 쇼핑하기, 다음 쇼핑 등 다양한 커머스 분야를 통합했다. 향후 카카오의 목표는 '몰테일'을 서비스하는 코리아센터의 인수를 통한 해외직구 통합이다. 만약 이게 가능해진다면 카카오톡 앱 안에서 전자상거래와 관련된 모든 것들을 할 수 있는 서비스가 탄생하게 된다.

카카오, 커머스사업 새 법인의 빠른 안착 위해 인수합병 추진 '꿈틀'

:: 신선식품, 빠르고 정확한 배송

가정간편식HMR과 신선식품 시장의 성장이 가져온 건 '빠른 배송'이다. 앞에서 이야기한 마켓컬리의 샛별배송이나 롯데슈퍼의 새벽배송 등 배송은 다양한 형태로 점점 빨라지고 있다. 2019년에도 배송의 정확도와 속도는 빨라지면 빨라졌지 절대 느려지지는 않을 것이다. 이를 위해 물류센터의 강화와 인공지능을 활용한 빅데이터 분석은 지속적으로 발전할 수밖에 없다. 최첨단 물류센터를 꿈꾸는 이마트 물류센터처럼 물류와 IT의 연결은 기본조건이다.

:: 지역밀착형 & 경험의 제공

오프라인 업체들이 새롭게 도입하는 '지역밀착형'과 '체험공간'은 앞으로도 늘어날 것으로 보인다. 주말이 되면 어디를 가

야 할지 모르는 사람들에게 백화점과 대형마트는 좋은 놀이공
간이다. 그렇다면 단순히 놀이방이나 문화센터의 프로그램이
아닌 어떻게든 오래 머물고 참여할 수 있게 하는 방법들이 더
많이 나올 것으로 기대된다. 그 시작으로 홈플러스의 '코너스'
를 참고해 보자.

:: 무인화

작은 점포들, 특히 편의점의 무인화 실험은 계속될 전망이
다. 100% 무인화로 가기에는 기술적 부담뿐 아니라 심리적 저
항도 있어 갈 길은 멀겠지만 오전과 오후에는 사람이, 심야에
는 무인으로 운영하는 점포는 늘어나게 될 것이다. 물론 무인
화에서 '결제' 부분은 롯데는 '정맥 결제'를 늘려가겠지만 다른
점포들의 경우 'QR 결제'로 무인화를 이끄는 것 역시 관심있
게 볼 포인트다.

:: 앞으로 10년, 변하지 않을 것은?

10년간 변하지 않을 것에 대해 아마존의 제프 베조스는 빠
른 배송과 낮은 가격이라고 말했다. 여기에 한 가지를 더한다
면 바로 '맞춤화'다. 아무리 세상이 변해도 사람들은 자신과 관
련있는 제품에 대해 추천을 받고 싶지, 전혀 관련없는 제품을
추천받고 싶지는 않을 것이 분명하다. 따라서 낮은 가격과 빠
른 배송 여기에 더해 바른 배송과 맞춤화 서비스, 이 네 가지가
적절하게 조화를 이루는 모습이 변하지 않는 키워드다.

Part 6

O 2 O 를
읽 다

O2O
서비스

:: O2O, 온라인과 오프라인의 영역을 넘다

고객이 주문하면 자율주행로봇이 직접 상품을 배달해 주는 세상, 멋진 미래다. 2018년 배달의 민족은 '배달의 민족이 꿈꾸는 미래 배달로봇 라이프'란 영상에서 배달로봇 '딜리'를 소개했다. 장난같이 보이는 이 로봇은 실제로 충남 천안 아우리

동영상
배달로봇 딜리

푸드스트리트에서 현장 테스트를 진행해 배달의 민족이 '진심'이라는 걸 보여줬다.

2016년 공개한 아마존 고의 영상 역시 마찬가지였다. 구매자는 매장에 들어가 구매하고자 하는 물건을 가지고 나오면 된다. 줄을 설 필요도, 카드를 꺼낼 필요도 없는 신개념 점포이다. 중국 알리바바, 징둥닷컴의 점포들 역시 마찬가지로 저마다 오프라인 영토를 확장하고 있다.

반면 기존 오프라인 업체들은 온라인화를 통해 이에 대응하고 있다. 교보문고의 바로드림 서비스, 스타벅스의 사이렌오더 등이 좋은 예다. 이렇듯 단순한 의미에서의 O2O는 온라인과 오프라인의 연결을 의미하는 Online to Offline 혹은 Offline to Online을 말한다.

O2O 이전에는 Omni, Omni Channel이라는 용어가 있었다. 2011년 하버드비즈니스리뷰에서 처음 소개된 이 말은 '소비자가 온라인, 오프라인, 모바일 등 다양한 경로를 넘나들며

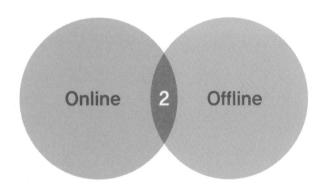

상품을 검색하고 구매할 수 있도록 한 서비스로, 각 유통채널의 특성을 결합해 어떤 채널에서든 같은 매장을 이용하는 것처럼 느낄 수 있도록 한 쇼핑환경을 말한다'고 정의되어 있다네이버 지식백과. 여기서 우리는 '통합' '하나의 관점' '고객 중심'이라는 세 가지 단어에 집중해야 한다. 옴니 전략을 가장 잘 보여주는 기업은 미국의 대형유통업체 '베스트바이'와 '교보문고'이다.

온라인에서 구매해도 오프라인에서 환불, 교환돼야

모바일 초기 오프라인 기업들의 고민은 고객이 와서 보기만 하고, 물건은 온라인에서 주문하는 이른바 '쇼루밍' 고객에 대한 대처였다. 이에 대한 대응으로 오프라인 매장에 들어올 때 미리 예치금을 받고 나갈 때 돌려준다든지, 오프라인의 바코드를 다르게 해서 검색이 어렵게 한다든지 다양한 방법들을 적용한 곳들이 많았지만 하나같이 실패했다. 영리한 소비자를 이기는 건 불가능하기 때문이다. 그 중 베스트바이는 고유 바코드를 도입했다가 '아마존의 쇼룸'이란 수치스러운 별명을 떨치지 못하고 2012년 약 12억 3,100만달러1조 3,500억원의 순손실을 남겼다. 이때 하버트 졸리가 해결사로 등장해 'I love showrooming'이라는 말과 함께 '최저가보상제' '온라인으로 주문한 고객이 근처 매장에서 배송받을 수 있는 픽업 서비스' '삼성·애플 제품을 따로 모아 구성한 숍인숍' '온라인 쇼핑몰 개편' 등의 혁신을 통해 2015년에는 순이익 12억 3,300만달러1조 3,520억원로 돌아섰다. 수많은 기업들이 아마존에 의해 쓰러지지만 베스트바이는 고객을 직접 방문해 기술지원을 하는 'Geek Squad긱 스쿼드' 같은 팀을 운영하며 온라인에서는 못하

동영상
Geek Squad Smart Home Security – Best Buy

는 오프라인의 강점을 살려내며 지금도 승승장구하고 있다.

교보문고의 '바로드림'도 마찬가지다. 서점에서 책을 살펴보고 읽는다는 건 구매의사가 있다는 뜻이다. 고객 입장에서는 온라인 가격과 동일하게 살 수 있다면 굳이 1~2일 동안 기다리지 않아도 된다. 오프라인에서 책을 손에 들고, 교보문고 앱으로 들어가 온라인의 혜택 그대로 결제 후 매장 안의 '바로드림' 코너에 보여주고 가져 나오기만 하면 된다.

미국의 백화점그룹 노드스트롬은 자사의 핀터레스트에 올라와 있는 상품들 중 가장 많은 '핀'을 받은 상품을 오프라인 매장에 노출해 관심을 유도했다. 덕분에 '오래된 백화점'이라는 이미지를 지우는데 도움이 됐다. 2017년 10월에는 소형매장인 노드스트롬 로컬을 오픈했다. 여기는 온라인에서 주문받은 상품을 받거나 반품할 수는 있지만 쇼핑을 할 수는 없다. 개인 맞춤화 서비스, 네일 서비스, 와인·맥주 등을 즐길 수 있는

공간으로, 상품의 체험과 더불어 전문가의 도움을 받을 수 있다는 것에 초점을 맞춘 곳이다.

이런 옴니전략이 성공을 거두기 위해서는 오프라인과 온라인의 매출을 다르게 보지 않겠다는 경영진의 의지가 있어야 가능하다. 여기서 옴니와 옴니채널의 중요한 4가지 포인트인 고객중심, 매출인식 변화, CEO의 강력한 의지, 온·오프의 연계를 찾아볼 수 있다.

동영상
Here's An Inside Look At Nordstrom's New Store With No Clothes

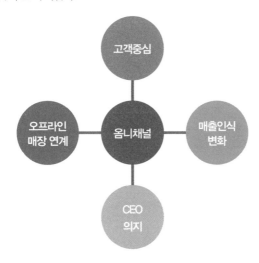

옴니채널과 O2O 서비스는 크게 보면 그다지 다르지 않지만 옴니채널은 마케팅 변화, O2O는 관련 서비스 전체에 디지털이 적용되는 디지털 트랜스포메이션Digital Transformation이라고 할 수 있다.

:: O2O의 시대, 소비자의 니즈를 읽어라

스마트폰으로 인해 24시간 연결된 삶, 검색·추천·간편함을 원하는 소비자의 변화, 간편결제 등 다양한 IT기술의 발달, 1인가구의 증가는 O2O 서비스의 확대를 가져왔다. 이미 모바일에 익숙해지고 빠른 서비스에 익숙해진 소비자들보다 느린 기업은 생존하기 어렵다.

국내 O2O 시장은 2020년 1,000조원을 넘어설 것으로 전망되고 있다. 이 정도면 신사업을 하는 입장에서 관심을 가질 수밖에 없다. 다만 모두가 관심을 가지는 시장은 그만큼 경쟁도 치열하다는 점을 잊지 말아야 한다.

누구나 하는 O2O가
정말 어려운 이유

글로벌 O2O의 선두주자로 주목받던 워시오Washio와 홈조이Homejoy, 두 회사의 공통점은 '망했다'는 데 있다. 워시오는 2013년 캘리포니아에서 런칭한 세탁 O2O 회사로, 세탁계의 우버라 불릴만큼 성장했으나 오픈 3년만에 문을 닫았다. 무너진 이유로 직접 세탁을 하지 않고 외주를 줬다는 점, 세탁물을 배달하는 근로자들을 차별했다는 점, 본질을 잊어버렸다는 점 등 다양한 추측이 있다. 청소 O2O 회사 홈조이 역시 마찬가지다. 청소를 하는 사람과 필요로 하는 사람을 연결하는 서비스로, 영국과 프랑스·캐나다 등에서 인기를 끌며 꾸준히 서비스를 확장해 나갔다. 그런데 인력관리의 어려움과 정규직 전환 등 다양한 문제점이 도출되며 결국 문을 닫았다. 청소라는 '본질'에 충실하지 못했다는 이야기도 나오지만, 그것보다 O2O 서비스는 진입장벽이 낮고필요로 하는 사람과 제공할 수 있는 사람을 연결한다는 아이디어는 누구나 생각할 수 있는 서비스이다, 돈이 많이 든다플랫폼 기반의 서비스이기에 시장을 장악하고 버텨야 성공할 수 있다는 데 문제가 있다. 한마디로 업계의 1위가 되어 시장장악력을 가지기 전까지는 끊임없이 투자를 받아야만 유지할 수 있다는 게 O2O 서비스의 단점이다.

겉으로 보면 화려해 보일지 모르지만 뚜껑을 열어보면 당장 문을 닫아도 이상하지 않을 서비스들이 O2O 서비스이며, 이런 관점에서 보면 왜 수많은 O2O 회사들이 주력분야뿐 아니라 다른 분야로도 발을 넓히는지 알 수 있다. 생존이 목표이고 생존에는 돈이 들기 때문이다. 그래서 O2O 서비스는 현재 어떤 일이 벌어지고 있고 어떻게 대응해야 하는지를 냉철하게 지켜볼 필요가 있다.

O2O 서비스의 현재

앞에서 이야기했듯 '소비자가 필요로 하는 것'은 너무 많고, 이를 충족시켜주는 O2O 서비스 역시 너무 많다. 여기서는 O2O 서비스의 형태를 크게 '플랫폼 기반'과 '자체 서비스 강

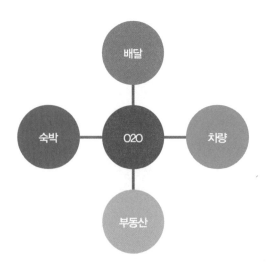

화'의 관점에서 O2O 사업 구분을 배달, 숙박, 차량, 부동산이라는 4개의 축으로 구분해 살펴보자.

:: 배달 O2O

2014년, '우리가 어떤 민족입니까!'라는 초대형 블록버스터 광고가 매스컴을 도배했다. 이 광고 덕분에 '우아한 형제들'이란 회사는 몰라도 '배달의 민족'을 모르는 사람은 없게 되었다. 배달의 민족은 전형적인 '플랫폼 기반의 중개서비스'를 하는 곳이다. 2010년 6월 배달의 민족 앱을 출시했고, 2015년에는 신선식품회사 '덤앤더머스'를 인수해 반찬 배달 서비스 '배민찬'을 시작했다. 2017년부터는 모든 웹 서비스를 종료하고 오로지 앱으로만 서비스하는 'Mobile Only' 기업이 된다. 2018년 1월 기준 배달앱 시장에서 점유율은 51%로 압도적 1위를 유지하고 있다.

배달의민족, '혁신적인 B급' 광고로 만든 '배민공화국'

여기서 우리는 배달의 민족이 압도적 1위를 유지하는 이유에 대해 진지하게 고민해 봐야 한다. 가장 큰 이유는 사업을 보는 관점의 차이에 있다. 사람들이 음식을 주문할 때 중요하게 생각하는 것은 음식이지 배달이 아니다. 배달의 민족은 이 부

분을 제대로 캐치해 누구나 할 수 있는 배달을 자신들만의 것
으로 관점을 바꾼 것이다. 즉, '누구나 배달해도 되는' 부분을
'배달의 민족'이 배달한다는 '브랜드'를 알리는 전략을 썼다.
블록버스터급 광고, 치믈리에 자격시험, 무료 폰트 제공 등의
재미있는 홍보를 통해 익숙한 브랜딩이 되도록 한 덕분에 '배
달=배민'이라는 키워드를 정착시켰다.

배달 O2O의 2위와 3위는 '요기요'와 '배달통'이다. 이 두 브
랜드는 이름만 다르지 딜리버리 히어로라는 한 회사가 운영하
고 있다. 결국 배달의 민족과 딜리버리 히어로, 두 회사가 국내
배달시장의 90% 이상을 장악하고 있는 것이다. 그런데 이 시
장에 카카오와 네이버가 진입했다.

2017년 초 카카오는 '카카오톡 주문하기' 서비스를 시작했
다. 초기에는 KFC, 베스킨라빈스 등 프랜차이즈 위주로 차별

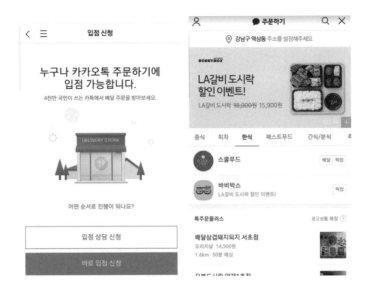

화를 보였던 이 서비스가 2018년부터는 중소사업자를 입점시키며 현재 1만개 이상의 사업자가 서비스를 하고 있다. 카카오의 경쟁력은 수수료와 편의성이다. 배달의 민족이 월 88,000원의 수수료를 받는데 비해 카카오는 월 33,000원으로 비용을 낮췄다. 또 전 국민의 스마트폰에 카카오톡이 설치되어 있다는 것도 막강한 장점이다. 다만 별도의 앱을 설치하지 않아도 된다는 장점에 비해 '주문하기' 메뉴가 숨어 있어 이 서비스를 모르는 사람이 많다는 것은 큰 약점이다.

카톡으로 동네 중국집 음식도 주문… 떨고 있는 배달앱 '3강'

네이버 역시 무서운 경쟁자다. 네이버에서 치킨을 검색하면 네이버쇼핑을 통해 주문할 수 있고, 네이버페이로 결제가 가능하다. 별도의 앱을 설치할 필요없이 네이버에서 검색하는데 익숙해진 사람들을 쉽게 끌어올 수 있는 장점을 가지고 있다.

2017년 8월 한국에서 서비스를 시작한 '우버이츠uber eats'도 지켜보자. 배달자와 주문자를 연계하는 서비스로, 누구나 '우버이츠 라이더'로 등록해 배달하고 수수료를 받을 수 있는 서

체험기
우버드라이버, 20분 발품으로 용돈 벌이

비스다. 라이더로 등록하는 사람은 자동차·도보·자전거·오토바이 중 하나를 선택할 수 있는데, 기본 배달료는 3,500원이고, 여기서 우버는 5%의 수수료를 가져간다. 한국 시장에서 우버이츠가 쉽게 성공을 거두리라 보지는 않는다. 다만 일반인들을 배달에 활용하기 시작했다는 점에서는 주목할 만하다.

이 외에 쿠팡, 롯데, 신세계, 현대 등의 기업들은 자체 서비스를 강화하고 있다. 물건을 구매한 후 원하는 매장에서 찾아갈 수 있는 스마트픽 서비스, 생수와 같은 생필품을 정해진 날짜에 배달해 주는 정기배송 서비스 등이 대표적이다. 앞서 이야기한 교보문고의 '바로드림'도 자체 서비스의 강화다. 스타벅스도 사이렌오더를 통해 주문한 사람이 직접 근처 매장으로 찾아가 커피를 가져가게 만드는 것 역시 O2O 서비스의 일환이다.

우리나라에서 O2O 시장의 숨어있는 강자는 야쿠르트 아줌마로 친숙한 '한국야쿠르트'다. 2017년 오픈한 '하이프레시'는 회원 수 63만명을 넘기며, 한 달 평균 70만명의 고객들이 이용하고 있다. 이 사이트를 통해 '야쿠르트 아줌마'를 찾을 수 있는데, 이 시스템을 사용하게 되면 전국 13,000명의 야쿠르트

'O2O' 하는 야쿠르트
아줌마 "대박났죠"

배달원은 움직이는 점포가 된다. 간편식 '잇츠온' 정기배송은 배달비를 받지 않는 등 다양한 서비스를 통해 한국야쿠르트는 계속 성장하고 했고 2019년에도 성장을 이어갈 게 분명하다.

:: 숙박 O2O

숙박 플랫폼의 대표 기업은 '야놀자'와 '여기어때'다. '야놀자'는 모텔 청소부에서 시작한 이수진 대표의 성공신화 그 자체로, 모텔에 대한 편견을 해소하는 것에 집중해 왔다. '숙박을 연계한다'는 본질에서 '숙박'이라는 키워드를 더 확장해 지금은 숙박 프랜차이즈, 숙박 B2B, MRO, 페이스북 페이지 운영 등 다양한 사업을 하고 있다. '여기어때' 역시 꾸준히 성장한 숙박 O2O로, 사업을 시작한 계기가 '모텔업'이라는 이미지 때문에 대기업이 쉽게 접근하지 않을 거라는 생각으로 시작했다고 한다. 이게 참 대단한 생각이다. 대기업이 들어오는 걸 걱정하는 게 아니라 들어올 수 없는 분야를 창업한다는 것, 창업 아이템을 고민하는 사람이라면 이런 관점의 전환이 필요하다. 2018년 '여기어때'와 '야놀자'는 각각 '레저'에 뛰어들어 '잘 자는' 문화에서 '잘 노는' 문화를 이끌고 있다.

3.5兆 레저시장도
"양보 없다"

부작용에도 '공유민
박업' 탄력

숙박에서 빼놓을 수 없는 플랫폼은 '에어비앤비'다. 2008년 미국에서 시작한 에어비앤비는 2014년 1월 한국에 진출했다. 다만 다른 사람에게 공간을 빌려주고 수익을 얻는 방식이 '공유민박업'에 해당하기 때문에 아직 법적인 규제 문제가 있지만, 국내에도 슈퍼호스트가 존재하는 등 에어비앤비가 미치는 영향은 적지 않다.

숙박·레저 분야에서도 '네이버'의 영향은 크다. 글램핑이라고 검색만 해도 리뷰를 확인할 수 있고 예약까지 가능하며 네이버페이를 통해 결제도 한 번에 가능하기에 많이 이용하고 있다.

기존의 숙박·호텔을 운영하는 회사들도 자신들만의

방법으로 서비스 강화에 나서고 있다. 힐튼의 경우 HONORS 앱을 만들어 호텔의 체크인과 객실 출입을 편하게 했고, 이는 객실키를 잃어버린 경험이 있는 사람들에게 좋은 평가를 받고 있다. 국내에 있는 많은 호텔, 콘도들도 적용해볼 만한 서비스이다.

:: 차량 O2O

차량 O2O의 떠오르는 대표주자는 단연코 '카카오T'다. 카카오T는 2015년 카카오택시로 시작해 네비게이션 '김기사' 인수, 고급형 서비스 카카오블랙을 출시했고, 2016년에는 주차장 O2O '파크히어'까지 인수했다. 이렇게 차량 분야에서 광폭행보를 보인 카카오는 2017년 하반기 '카카오모빌리티'를 분사시켰다. 2018년에는 카카오택시에 우선호출서비스를 새롭게 선보이며 콜 시장의 점유율을 70%까지 장악했다. 물론 새로운 서비스를 내놓을 때마다 기존업체들과의 분쟁은 어쩔 수 없지만 카카오 입장에서는 승차거부 등 택시의 불합리한 부분을 명분으로 내세우다 보니 소비자들은 지지할 수밖에 없는 상황이다. 2018년 하반기에는 스타트업 '럭시'를 인수한 후 카풀 시장으로 확장하며 다시금 택시업계와 대치하고 있다.

카카오T의 미래를 보기 위해서는 해외서비스가 어떻게 진행되고 있는지 눈을 돌려볼 필요가 있다. 중국판 우버이자 중국시장의 80%를 장악하고 있는 '디디추싱'은 텐센트와 알리바바에서 각각 투자를 받았고, 2016년에는 우버차이나를 인수했다. 디디추싱에서 가능한 서비스는 일반 차량의 호출, 차

카풀 그리고 택시, 진짜 싸움은 이게 아니다

세계 NO1 꿈꾸는 중국 공유차 디디추싱

모두의 이동을 위한
카카오 T

답답한 이동 시간이 짧아진다면, 당신의 소중한 시간은 더 길어지고,
생활 속 이동의 불편함이 줄어든다면 당신이 할 수 있는 일은 더 많아집니다.
카카오 T 가 만드는 새로운 변화를 지금 만나보세요!

량 예약, 공항 픽업서비스, 택시 호출, 대리운전, 경로우대 택시, 카풀, 중고차 거래 등이며, 서비스를 이용한 후 적립된 금액으로 쇼핑까지 가능하도록 지원하고 있다. 디디추싱의 서비스를 보면 향후 카카오T에 어떤 서비스가 더 생겨날지 짐작해 볼 수 있다.

카카오·택시업계 갈등 틈타…반격 노리는 SKT·쏘카

카카오T가 택시업계와 카풀로 인해 대치하고 있는 와중에 반사이익으로 사람들의 관심을 모은 곳이 있다. 쏘카의 자회사 VCNC가 런칭한 공유서비스 '타다'인데, 타다는 택시를 호출하거나 다른 사람의 차를 빌리는 것이 아니라 차와 운전기사를 통째로 빌리는 '렌터카' 형식을 취해 법적인 문제를 피했다. 타다를 이용한 사람들은 '기사들이 말을 걸지 않는다' '냄새가 나지 않는다' '승차거부가 없다' '결제가 어플에서 자동으로 되어 편하다' 등 서비스에 있어 가장 기본적인 것들에 만족하고 있다. 또 반려동물 동승 서비스, 장애인을 위한 실시간 차량 호출서비스 등 기존 산업에서 제공하지 못했던 기능들을 제공한 것도 사람들에게 좋은 평을 받고 있다.

스마트폰만 있으면 간편하게 차를 빌려 탈 수 있는 카세어
링 시장에서의 강자는 역시 '쏘카'다. 2012년 2월 첫 서비스
를 시작한 쏘카는 현재 전국 3,000개의 쏘카존을 가지고 있으
며, 2018년에는 말레이시아로 진출해 240대의 차량과 120여
개의 쏘카존으로 확장하고 있다. 카세어링 서비스는 차가 있는
사람보다 차가 없는 대학생 등 젊은 층에서 많이 이용하고 있
다. 하지만 10대 무면허 사고, 사고 발생시 과도한 수리비를 고
객에게 부담시키는 등 해결해야 할 문제점 역시 늘어나고 있
다.

무면허·미성년자 교
통사고 유발자 쏘
카·그린카

차량 O2O 서비스에서 빼놓을 수 없는 것이 '수리' 분야이
다. 차가 고장 나 수리를 맡기고 싶은데 잘 아는 카센터가 없다
면 어떻게 해야 할까? 우리에게 '잘 아는 카센터'가 필요한 이
유는 카센터마다 금액이 다르거나 수리가 만족스럽지 못하기
때문이다. '카닥'은 이러한 불만을 역경매방식으로 해결했는
데, 수리를 원하는 사람이 어느 부분의 수리가 필요한지 등 자
료를 올리면 수리업체들이 역으로 가격을 제안하는 형태다. 여
기에 더해 다른 차들의 수리 사례를 둘러볼 수 있게 만들어 신
뢰감을 높였다. 카닥은 '다음'의 넥스트인큐베이터 스튜디오를

통해 사내벤처로 시작되었으며, 현재는 연매출 20억원을 기록할 정도로 성장했다. 대표가 15만명의 회원을 보유한 폭스바겐 커뮤니티를 운영했을 정도로 차에 대한 애정이 많은 것도 성공이유 중 하나다.

세차 분야도 O2O 서비스에서 관심있는 영역이다. 국내는 '조이앤워시'와 '와이퍼$_{yper}$'를 비롯한 몇 곳이 있다. 이 회사들 모두 세차에 대한 투명한 견적과 필요한 경우 직접 차를 몰고 가서 세차한 후 다시 돌려주는 서비스로 인기가 높다.

:: 부동산 O2O

부동산 O2O의 대표주자는 '다방'과 '직방'이다. '직방'은 2012년, '다방'은 2013년에 서비스를 시작했다. 다방은 부동산 큐레이팅에 중점을 두고 상황과 필요에 맞는 물건들을 검색해 주고 있고, 직방은 카카오와 손을 잡고 서비스를 하고 있다. 이 시장 역시 네이버가 우위를 보이고 있다. 2017년 PC 이용자들을 대상으로 이용현황을 보니 네이버 부동산은 325만명, 직방과 다방은 각각 15~19만명이 이용했다. 반면 2018년 3월 기준 모바일에서는 직방, 다방, 네이버 순으로 이용하고 있다.

카카오, 직방과 손잡고 부동산플랫폼 절대강자 네이버에 도전

:: 통합 O2O 서비스, 중국의 메이퇀

중국 주식시장에서 샤오미를 제치며 관심을 받은 회사가 있다. 바로 통합 O2O업체 '메이퇀'이다. 국내에서는 생소한 이 회사는 O2O와 관련된 거의 모든 것을 제공하는 O2O 공룡이다. 메이퇀 앱의 사용자 수는 역시 중국답게 3억이 넘는다.

'배달의 힘' 메이퇀 상장, 샤오미 제치고 중국 IT주 4위

메이퇀의 서비스는 음식 배달이 61.6%를 차지하고 있지만 이 외에도 호텔 예약, 영화 예매, 기차표 예매, 뷰티, 헤어 등 다양한 생활서비스를 제공하고 있다. 2018년에는 차량호출서비스 및 공유자전거업체 '모바이크'를 인수하며 영역을 넓히고 있다. 이렇게 다양한 서비스가 가능하다는 걸 메이퇀은 보여주고 있다. O2O는 자신만의 독자성을 가진 분야에서 사업을 확장해야 한다는 공식을 깨버린 기업이 메이퇀이며, 배달의 민족이 꿈꾸는 미래라고 조심스럽게 예측해 볼 수 있다.

:: O2O 서비스

지금까지 이야기한 O2O 서비스를 플랫폼, 자체 서비스 강
화 측면에서 배달, 숙박, 차량, 부동산으로 구분해 보면 다음과
같다. 물론 O2O 서비스가 워낙 많기 때문에 이 범주 안에 모
든 것을 넣을 수는 없지만, 이를 통해 전반적인 O2O 서비스를
이해할 수 있을 것이다.

	플랫폼 기반	자체서비스 강화
배달	배달의 민족, 요기요, 배달통, 마켓컬리, 카카오, 네이버 주문	바로드림, 쓱 배송, 스타벅스
숙박	여기어때, 야놀자, 에어비앤비, 호텔스컴바인, 네이버 예약	힐튼
차량	카카오T, 디디추싱, 쏘카, 와이퍼, 조이앤워시	
부동산	직방, 다방, 네이버 부동산	

지금까지 O2O로 성공한 스타트업들의 성공방정식은 수요
와 공급이 명확한 곳에서 일어난 '불평등의 해소', 좋아하는 서
비스로 시작한 '덕후형 CEO', '고객의 시간을 절약한다'는 세
가지에 초점이 맞춰져 있다. 반면 마케팅비용의 증가, 높은 투
자의존도, 소비자들이 부담하는 수수료, 서비스 제공자의 신뢰
도, 대기업의 진출 등은 커다란 약점이다.

2019
O2O 서비스 예측

 2019년 O2O 서비스는 또 한 번의 기회를 맞을 것으로 보인다. 2018년 하반기 주 52시간 근무제 도입으로 인해 시간적 여유가 생기며 자신의 취미를 늘리고 싶은 사람들에게 편한 연결을 위한 서비스가 각광을 받을 것으로 예상된다. 특히 편한 연결을 위한 서비스는 일단 연결이 되면 어떤 서비스와도 판매가 연결될 수 있다. 그리고 이에 따른 다양한 형태의 오프라인 모임들 역시 많아질 수밖에 없다.

:: 앞으로 10년, 변하지 않을 것은?

 O2O 서비스의 핵심은 사용자의 일을 대신해 시간을 절약해 주는데 있다. 세상이 어떻게 변하더라도 사람들은 내 시간을 절약해 주는 서비스를 원하지, 시간을 더 쓰게 만드는 서비스를 원하지 않을 것이다. 신뢰 역시 마찬가지로 모든 정보가

투명하게 공개되는 지금, 믿을 수 있는 서비스를 이용하고 싶은 소비자의 마음 역시 바뀌지 않는다. 그렇다면 어떻게 서비스의 신뢰도를 올릴 것인지, 소비자의 시간을 어떻게 더 줄여 줄 것인지가 핵심이다.

Part 7

가 상 현 실 을
읽   다

가상현실

　가상현실은 가상현실VR, Virtual Reality, 증강현실AR, Agumented Reality, 혼합현실MR, Mixed Reality로 나누어진다.

　VR가상현실은 우리가 보는 세계도 가상이며, 그 안에 움직이는 모든 것들도 가상이다. VR을 이용하는 장치는 크게 3가지가 있다. 스마트폰을 장착해 얼굴에 쓰는 HMDHead Mounted Display 장치, PC와 연결해 사용하는 장치, HMD에 VR 구현을 위한 장비가 장착되어 있는 독립형 장치이다.

　AR증강현실은 한마디로 우리가 보는 '현실'을 '강화'시켰다는 것이다. 따라서 증강현실의 기본은 우리가 직접 눈으로 보는 '현실'로, 현실 위에 다양한 '디지털' 자료를 올려 다양한 정보를 제공해 준다고 보면 된다

　MR혼합현실은 가상현실과 증강현실의 장점만을 골라서 만든 서비스다. 따라서 현실 위에 가상현실을 보여주는 건 AR과 동

일하지만 VR에 가까울만큼 다양하면서도 정교한 '가상'을 구현하기 때문에 이를 MR이라고 부른다.

　해마다 가상현실 기술은 발달하고 있지만 쉽게 우리 주변에 다가오지를 못했다. 그러나 포켓몬 고를 비롯한 게임들이 활성화되면서 가상현실을 경험하기 위한 장비의 가격도 저렴해지고, 이를 활용할 수 있는 콘텐츠의 숫자도 늘어나고 있다. 그동안 관련 기업들은 어떻게 움직이고 있는지, 어떤 부분이 발달했는지 알아보자.

가상현실의 현재

"우리는 지금 가상현실에 살고 있는 게 아닐까?"

"우리는 누군가의 비디오 게임이 아닐까?"

말도 안 되는, 어쩌면 미쳤다는 얘기를 들을 수도 있는 말이다. 그런데 이 말은 엘런 머스크가 2016년 실제로 했던 말이다. 엄청나게 진지한 상황에서 한 말은 아니었지만 가상현실이 워낙 정교해지고 있는 지금 언젠가는 현실과 가상을 구분하지 못하는 순간이 올지도 모른다는 점에서 공감가는 이야기다. 그런데 같은 해 나온 메릴린치 보고서에서도 '우리가 매트릭스에 살고 있을 확률이 20~50%에 이른다'라는 내용이 있다. 이 정도면 놀라운 숫자다. 진실이야 어찌되었든 이제 이런 이야기를 논해도 될 정도로 진보된 기술 속에서 우리는 살고 있다.

2018년 개봉한 영화 〈레디 플레이어 원〉은 가상현실과 현실이 아주 잘 녹아있는 모습을 보여준 가까운 미래에 대한 영

엘런 머스크는 우리가 누군가의 '비디오 게임'이라고 생각한다

동영상
레디 플레이어 원
(출발 비디오여행)

로그인하는 순간, 모든 것이 현실이 된다

스티븐 스필버그 감독

레디
플레이어
원

화였다. 영화 속 이야기처럼 가까운 미래에 우리는 모두 현실과 가상세계를 너무 자연스럽게 오고가며 생활할지도 모른다. 그렇다면 2018년에는 어떤 일들이 벌어졌을까?

:: 페이스북

'가상의 공간에서 친구들과 만나서 대화를 나눈다'라는 슬로건을 가지고 페이스북은 2018년 완전 독립형인 VR기기 '오큘러스 고' 판매에 나섰다. 199달러의 저렴한 가격에 비해 완성도도 높고 콘텐츠도 충분히 많았다.

월마트, 직원 교육에 VR 기술 도입…'오큘러스 고' 1.7만대 구입

가격이 저렴해지고 성능이 좋아지다 보니 월마트는 오큘러스 고를 17,000대 구입해 미국 내 점포 5,000곳에서 사내 직원 교육에 활용하고 있다.

가상현실을 즐길 수 있는 서비스도 준비되어 있다. 페이스북의 '오큘러스 베뉴' 앱은 가상현실 공간에서 라이브와 스포츠 경기를 볼 수 있는 기능을 가지고 있다. 이를 통해 VR 세계에서 혼자가 아니라 여러 명이 함께 즐길 수 있게 만들었다. 게다가 2018 피파 월드컵을 오큘러스 고와 기어 VR에서 볼 수 있게 해 관심을 끌기도 했다. 앞으로 오큘러스 베뉴는 라이브 콘

동영상
FIFA WORLD CUP 2018 LIVE IN VR!

동영상
오큘러스 베뉴

서트는 물론 MBA 경기 등 다양한 곳에서 쓰이는 걸 목표로 하고 있다. 2019년 상반기에는 '오큘러스 퀘스트'란 이름의 올인원 헤드셋을 내놓을 예정이다. 오큘러스 고에 비해 360도 공간의 체험을 제자리가 아닌 이동하면서 할 수 있는 것이 특징이다. 가격 역시 64GB 기준 399달러로 저렴한 편이다. 덕분에 2019년은 콘텐츠의 숫자는 물론 관련 사업의 기회도 더 늘어날 게 분명하다.

:: 구글

VR 시장의 상용화를 이끈 건 누가 뭐라 해도 구글이다. 구글의 VR을 연도별로 보면 2014년 누구나 직접 저렴하게 만들 수 있는 구글카드보드를 발표했고, 2015년에는 유튜브에서 360도 영상을 지원했다. 2016년 VR 그림을 그릴 수 있는 틸트 브러쉬 앱을 통해 가상공간과 아트가 만났을 때의 영상은

동영상
Tilt Brush

경이로움 그 자체였다. 2017년 선보인 데이드림 뷰는 지금까지 나왔던 VR 기기들에 비해 좀 더 사용하기 편하고 진한 몰입감을 보여줬다. 특정 폰만 연결된다는 점이 아쉬웠으나 2018년 하반기 데이드림 독립형 기기를 내놓으며 VR 시장의 확산을 돕고 있다.

:: MS

혼합현실을 이끌고 있는 MS는 2015년 홀로렌즈 발표 후 개인들을 대상으로 한 상용화는 이루어지지 않고 있다. 홀로렌즈를 체험해 보면 아직 자유롭게 컨트롤하기 어려운데, 이 점을

개선한 '홀로렌즈2'를 2019년 상반기 출시 예정이다. 가격 역시 기존 340만원보다 줄어들 예정이다.

:: 애플

애플은 아쉽게도 2018년 새로운 VR/AR 기기를 선보이지 못했다. 다만 2018 WWDC 행사를 통해 AR을 구현할 수 있는 'AR 키트 2'를 공개하며, 혼자가 아닌 다중 사용자를 지원할 수 있도록 했다. 이는 가상현실 속 배틀을 혼자가 아닌 여럿이 할 수 있게 된다는 뜻이다. 또 스마트폰과 태블릿에 기본적으로 설치된 '측정' 앱을 업그레이드하여 카메라 속에 비친 사물의 크기를 좀 더 정확히 측정할 수 있게 했고, 디지털 레고를 비롯한 다른 앱들을 통해 애플이 좀 더 정교한 AR 플랫폼을 그리고 있다는 걸 보여주고 있다. 그렇다면 2019년에는 AR 글래스가 나올 수 있지 않을까? 행복한 상상을 해본다.

'옥수수 소셜 VR'…가
상공간 실시간 소통

:: SKT

2018년 10월 SKT는 한 가지 재미있는 서비스를 출시했다. 바로 '옥수수 소셜 VR'이다. 영화 〈레디 플레이어 원〉의 현실판이 되기를 꿈꾼다는 이 서비스는 구글의 데이드림 뷰와 삼성의 기어VR을 통해 접속이 가능한데, 최대 8명이 한 방에 모여 경기와 영화를 보며 음성 대화를 나눌 수 있는 게 특징이다.

동영상
oksusu Social VR

가상현실의
활용

: : 게임·스포츠 중계방송

중계방송에서 가장 많이 쓰이는 기술은 VR과 AR이다. 2018년 인텔은 평창동계올림픽에서 알파인스키 경기를 '트루VR' 기술을 통해 중계했다. LG유플러스 역시 VR과 AR 기능을 활용한 'U+' 서비스를 프로야구와 골프 중계에 적용하고 있다. 하지만 경기를 실시간 VR로 보기 위해서는 빠른 인터넷 속도가 필수인데, 2019년 3월부터 시행되는 5G는 이 속도를 뒷받침할 수 있으니 VR 스포츠 중계시장은 2019년 본격적으로 시작될 것이다.

그렇다면 우리 주변에서 흔히 볼 수 있는 VR·AR과 스포츠의 연계는 무엇이 있을까? 바로 스크린골프와 스크린야구다. 스크린골프의 시장규모는 약 1조 2,000억원이고, 2014년 시작된 스크린야구의 시장규모 역시 2017년 5,000억원, 2018년

눈앞에서 슝~ 펙!…
VR중계, 살아있네

'스크린 낚시'로 '스
크린 골프' 신화 이어
간다

7,000억원을 넘어 2019년에는 9,000억원 매출이 기대되고 있
다. 이처럼 스크린 스포츠의 성공요인은 멀리 가지 않고 집 주
변에서 편하게 즐길 수 있다는 데 있다. 그리고 골프와 야구 외
에도 볼링, 낚시 등 다양한 스크린 스포츠가 등장하고 있다.

또 스타필드 하남과 고양에 있는 스포츠 몬스터에서는
Baseball, 비행VR, Icaros, Bike racing 등 다양한 스포츠에
VR이 적용되어 있다.

: : VR 교육 & 체험

VR 교육에 가장 큰 공을 들이고 있는 곳은 역시 구글이다.
구글은 카드보드를 활용해 학교 강의에 적용할 수 있도록 '구
글 익스페디션'을 내놨다. 2018년에는 제공되는 장소를 800
개로 늘려 공룡시대를 볼 수 있고, 우리의 몸 속 탐험도 가능하
도록 했다.

구글·아마존, VR 교
육콘텐츠 쏟아내…
유럽은 에듀벤처 급
증

국내에서도 VR을 교육에 활용하려는 움직임이 활발하다. 삼육보건대는 VR을 통해 인공호흡 등의 실습을 하고 있고, 현대중공업에서도 업계 최초로 VR을 현장안전체험 교육용으로 쓰는 등 VR을 현장에 접목시키려는 노력들이 점점 많아지고 있다. 의료분야에서는 수술실, MRI 등을 미리 체험하게 해서 처음 치료받는 사람의 공포감을 줄여주는 서비스들이 등장했다.

동영상
[세브란스_VR] 수술실 가는 길

:: VR 테마파크

2019년 주목할 만한 사업 중 하나는 VR 테마파크다. KT는 GS리테일과 함께 브라이트VRIGHT란 이름의 테마파크 사업에 뛰어들었다. 대기업이 이 시장에 뛰어든 이유는 시장의 활성화를 위해서는 기기뿐 아니라 다양한 콘텐츠가 필요한데, 영세사업자가 투자하기에는 어렵기 때문이다. 현재 신촌점과 건대점이 오픈되어 있으며, 직접 이동하며 건배틀을 할 수 있는 스페셜 포스 VR은 물론 다양한 VR 이용기구들이 복합적으로 적용된 곳이다. 이용금액은 약간 비싸다고 생각될 수 있으나

동영상
[브라이트] 도심형 VR 테마파크

요금안내

브라이트 '건대점'의 이용요금을 안내합니다

(※ 부가세가 포함된 금액)

상품명	상급룸	멀티룸	비고
어트랙션 콤보	24,000원	39,000원	VR ROOM 1시간 + Attraction 2인
스페셜포스 콤보	34,000원	49,000원	VR ROOM 1시간 + Special Force 2인
브라이트 콤보	37,000원	52,000원	VR ROOM 1시간 + Attraction 2인 + Special Force 2인
어트랙션	1회	2회	플라잉 제트 / 다이나믹 씨어터 이용 가능
	5,000원	7,000원	
스페셜 포스 VR	10,000원		1인 1회 이용 기준 (콤보 이용시 7,000원)

※ 스페셜 포스 VR상품은 12세 이상 이용 가능합니다.

사람들의 만족도는 높은 편이다.

현대백화점그룹도 반다이남코어뮤즈먼트와 VR 콘텐츠의 한국 내 독점공급 약정을 맺고, 강남역 인근에 VR 스테이션을 2018년 11월에 오픈했다. 롯데백화점 역시 건대점 10층에 롯데몬스터 VR 실내 테마파크를 여는 등 대기업들의 VR 테마파크 진출은 계속되고 있다.

:: AR 쇼핑

AR이 가장 쉽게 쓰일 분야 중 하나는 역시 쇼핑이다. 직접 착용하지 않아도 가상으로 착용해볼 수 있다는 장점이 있기 때문이다. 이 분야에 가장 적극적인 곳 중 하나는 페이스북이다. 페이스북은 2018년 7월 AR 쇼핑 광고 기능을 소개했다. 이 기능이 적용된 브랜드에는 '착용해 보려면 클릭'이란 문구가 뜬다. 그리고 카메라로 비추면 해당 제품을 써볼 수 있는 형

식이다. 국내 기업 중에는 증강현실 스타트업 에이알컴이 '제이에스티나'에 10월 말부터 관련 서비스를 공급하고 있다.

에이알컴, 제이에스티나에 선글라스 AR 피팅 공급

도미노피자는 AR 기능을 활용해 가상의 피자에 크러스트, 소스, 치즈 등을 조합하면 실제로 그 피자를 주문할 수 있는 피자 셰프 서비스를 내놨다. 세계 최초의 블록체인 스마트폰인 '핀니 블록체인 스마트폰'에도 AR증강현실이 적용된다. 가지고 싶은 물건을 기본으로 설치된 스캐넷체인 AR 카메라로 찍으면 가격 등의 정보도 얻을 수 있고, 광고 영상도 시청할 수 있다. 영상을 다 보면 SWC 토큰이 쌓이는데 이걸로 상품을 구매할 수도 있다. 아직 베타버전이지만 분명 가능성이 있어 보인다.

AR 카메라로 사진 찍어 쇼핑..암호화폐 보상은 덤

:: 건축과 부동산

어반베이스가 공개한 'AR 스케일'은 실제 건축부지에 3D 모델을 띄워 놓을 수 있기 때문에 건축가들에게 모형 제작시간을 줄여준다. 2017년 출시되었던 부동산114의 부동산GO도 현실세계의 집들을 비추면 가격을 알려주는 서비스로 AR을 적극 활용하고 있다.

동영상 URBANBASE_AR Scale_vimeo

2019
가상현실 예측

2019년의 가상현실은 크게 4가지 측면에서 주목할 포인트가 있다.

먼저 살 만한 '독립형 VR기기'의 확산이다. 앞서 이야기한 오큘러스 퀘스트뿐 아니라 구글의 독립형 VR기기, MS의 홀로 렌즈가 대표적이며, 기타 다른 제품들도 출시를 앞두고 있다. 이렇게 디바이스가 확산되면 관련된 콘텐츠도 늘어날 수밖에 없다.

둘째, 고화질 콘텐츠의 시대가 온다. 이에 가장 많이 신경쓰고 있는 회사 중 하나는 KT다. KT는 기가라이브TV를 2018년 11월 출시해 농구경기 생중계는 물론 게임, 영화에 이르기까지 다양한 고화질 콘텐츠를 확산해 나가고 있다. 여기에 필요한 건 바로 끊김없는 연결을 위한 5G 기술이다.

셋째, 교육 프로그램의 확대다. 부산 운송초등학교에는 VR

스포츠 교실이 있다. 비가 오는 날에도, 미세먼지가 많은 날에도 문제없이 축구를 할 수 있다. 국립싱가폴대 의대는 해부학 수업을 가상현실로 진행하며, 현대중공업은 VR 안전체험 교육, 월마트는 직원교육, UPS 역시 운전자 안전교육에 활용하고 있다. 앞으로 더 많은 직원용·학생용 콘텐츠는 늘어나게 될 것이다.

부산 운송초, 'VR 스포츠교실' 인기 폭발

넷째, 엔터테인먼트의 확대다. 앞서 말한 KT의 브라이트, 몬스터VR 이외에도 기업들의 움직임은 활발하다. 현대백화점은 강남역 인근에 1,200평 규모 초대형 VR 테마파크를 오픈했다. 빅뱅의 승리가 크리에이티브 디렉터로 참여해 기대를 모으고 있는 '헤드락VR'은 싱가포르와 한국뿐 아니라 전 세계 8곳을 오픈할 예정에 있다.

앞서 이야기한 살 만한 가치가 있는 '독립형 VR'의 확산이 포인트다. 제대로 가상현실을 즐길 수 있는 기기가 있고, 여기에 더해 끊김이 없는 5G 기술이 콘텐츠를 이어주며, 할 만한 가치가 있는 콘텐츠들이 등장한다. 이미 오래 전부터 꿈꿔왔던 제대로 된 가상현실의 시작은 2019년이 될 것 같다.

: : 앞으로 10년, 변하지 않을 것은?

'진짜 같은 가상현실' '낮은 가격'이다. 가상현실의 목표는 진짜 같은 가상현실 경험이다. 이를 위해서는 시각뿐 아니라 청각 문제를 해결해야 한다. 오큘러스 베뉴나 옥수수 VR의 경우에 중요한 부분 중 하나다. 낮은 가격도 마찬가지다. 아무리 재미가 있더라도 체험하는 금액이 비싸다면 진입장벽이 높아진다. 다행히 VR기기의 보급뿐 아니라 테마파크들이 늘어나면서 가격 역시 점점 저렴해지는 방향으로 가고 있다.

Part 8

스 마 트
에 듀 를
읽 다

스마트 에듀

4차산업혁명의 시대, 교육에 대한 관심이 어느 때보다도 뜨겁다. 변화되는 일자리 속에서 '내 일자리는 어떻게 될까?'를 넘어 '우리 아이의 일자리는 어떻게 될까?'에 대한 관심과 두려움 덕분이다. 하지만 누구도 미래를 예측할 수는 없다. 지금 어떤 교육을 시키더라도 그 성과를 확인할 수 있는 건 학생들이 사회구성원으로 변할 때부터다. 그렇기 때문에 우리는 교육 역시 '앞으로 10년, 변하지 않는 건 무엇일까?'에 대한 질문을 던져야 한다.

필자가 내릴 수 있는 최선의 해답은 그동안 꾸준히 이야기했던 '읽기' '쓰기' '말하기'다. 무슨 일이 벌어질지 모르기 때문에 어떤 일이 벌어지든 적응할 수 있는 기본기를 키우는 게 무엇보다도 중요하다. 이 관점에서 2018년 교육분야에서 벌어진 일들을 살펴보자.

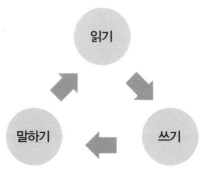

읽기

쓰기

말하기

디지털 문해력

:: 코딩교육

코딩 사교육 시장
'들썩'

지속적으로 강조되던 코딩교육은 2018년 중학교에 정규과정으로 도입되었다. 다만 아직 준비가 되지 않아 전체가 아닌 40% 정도의 중학교만 시작했고, 나머지 학교들은 2019년으로 시작을 미뤘다. 이름 역시 코딩이 아니라 '정보'라는 과목이고, 학생들에게 주어진 정규시간은 3년 동안 총 34시간이다. 이 시간은 사실상 1주일에 1교시45분씩 배울 경우 2학기면 끝낼 수 있는 시간밖에 되지 않는다. 코딩에 대해 제대로 배우기에는 절대적으로 부족한 시간인데 다른 교과목에 밀려 어쩔 수 없는 정부의 선택이었다.

문제는 '정규과정'이라는 말 때문에 양산된 사교육시장이다. 대부분의 부모들이 '코딩'이 뭔지 어떻게 해야 하는지 모르는 상황에서 학원들은 저마다 자기만의 방식을 이야기하며 가르치고 있다. 물론 학교 정규수업시간이 절대적으로 부족하기 때문에 필요한 지식을 별도로 배울 수 있다는 점에서는 맞는 말이지만 정작 그 교육이 학생들에게 도움이 될지와 일부 학원들의 고액 학원비 문제는 계속되는 논란거리다. 2019년에는 초등학교 5~6학년부터 코딩교육이 의무화되기 때문에 이 부분에 대해서는 교육부의 방침이 구체적으로 나올거라 예상된다.

:: 새로운 형태의 학교들

기존 학교 교육에 만족하지 못하는 건 우리나라나 외국이나 마찬가지다. 해외에서는 조금 더 적극적으로 대안을 제시할 수 있는 학교들이 등장하기 시작했다.

2014년 설립된 '알트스쿨'은 마크 저커버그와 피에르 오미다이어 등이 1억 7,500달러약 1,000억원를 투자해 만든 대안학교이다. 4~14살이 대상이며, 별도의 반 구분 없이 모두 한 교실에서 관심사와 성취도에 따라 맞춤형 수업을 진행하는 게 특징이다. 수업은 온라인 강의 형식인데 정해진 학습목표량만 달성한 후 평가는 자유롭게 온라인 퀴즈와 1:1 피드백으로 할

동영상
Silicon Valley
billionaires created
AltSchool

Working together to put students at the center

Everyone's a teacher.
Everyone's a student.

수 있다. 1년에 최소 3만달러 이상의 교육비가 들어가는 고가의 학교지만 기존 교육방식에 대안을 원했던 부모들에게 인기가 높았다.

2016년 시작한 '칸랩스쿨'도 마찬가지다. '사람은 배우는 속도가 다르다'는 멋진 모토 아래 설립된 이 학교에서도 커리큘럼 없이 개인 맞춤형 학습을 목표로 한다.

2014년 입학생 28명으로 시작해 전체 학생 수 480명, 5만명의 지원자 중 단 1.9%만 합격할 수 있는 '미네르바스쿨'도 많은 사람들의 관심을 끌고 있다. 미네르바스쿨은 전 세계 7개 도시를 돌아다니며 기숙사 생활을 하며 대학교육을 받는 곳이다. 7개 도시 중 한 곳이 우리나라의 '서울'이다. 수업은 실시간 온라인 강의로 이루어지며, 집중도를 높이기 위해 한 클래스는 18명을 넘지 않는다. 단순히 전 세계를 돌아다니는 게 아니라

동영상
교육혁명 미네르바스쿨

학생들이 직접 '프로젝트'에 참여해 문제를 해결해야 한다는 특징이 있다.

이렇게 보면 이런 대안학교들이 아이들을 보내고 싶은 '꿈의 학교'처럼 느껴질 수 있지만 실상은 다르다. 알트스쿨의 경우 몇몇 곳이 폐교가 되었고, 아이들의 학습 데이터로 장사를 한다는 이야기를 듣기도 했다. 물론 아직 이런 혁신학교들이 실패했다 아니다를 이야기하기에는 이르다. 우리는 이런 학교들이 공통적으로 이야기하는 '자유로운 수업방식' '맞춤형 교육'이란 것에 관심을 가질 필요가 있다. 결국 원래 교육이 해야 하는 본질적인 내용으로 돌아감을 생각해 봐야 한다.

대안학교의 실패

:: 새로운 교육혁명, 무크 & 나노 디그리

대학교육의 변화는 미네르바스쿨뿐만이 아니다. 실제로 대학교육을 바꿔놓은 서비스로 사람들에게 더 주목받은 건 코세라, 유다시티, 에딕스가 이끄는 'MOOC'였다. 공짜로 세계 유명대학의 강의를 온라인으로 듣고 필요시 수료증도 받을 수 있게 만든 이 서비스는 지식의 민주화라는 이야기와 함께 전세계의 교육시장을 흔들어 놓기에 충분했다. 다만 교육을 받았다는 것으로 만족해야 하는 것과 실제 현장에서 인정받을 수 있느냐는 문제로 남는다.

이런 이유로 2017년 초 유다시티는 IBM 왓슨 사업부 및 아마존 알렉사 사업부와 협력해 '나노 디그리' 과정을 만들었다. 산업과 연계해 기업에서 필요로 하는 교육을 수료한 학생들 위주로 채용하겠다는 것이다. 나노 디그리 강좌는 청취가 필

동영상
What is a
Nanodegree?

유다시티, IBM·아마존과 인공지능 강의 제공

수는 아니며 심지어 듣지 않아도 관계없다. 다만 학생들은 학습기간 중 2~3개의 프로젝트를 반드시 수행해야 하며, 졸업을 위해서는 코드 리뷰 및 인터뷰를 통과해야 한다. 이렇게 졸업한 인재는 유다시티의 인재풀에 등록되어 주요 기업에 우선 추천하는 대상이 된다.

국내에서도 이 프로그램을 본따 2018년 K 나노 디그리가 '매치업'이라는 이름으로 시작되었다. '산업맞춤 단기직무인증 과정'으로 명명되어 있는 이 코스에서는 인공지능·빅데이터·스마트물류에 대한 교육을 통해 취업시 인증서 활용 및 기업의 교육훈련 실적으로 사용할 수 있게 한 것이 특징이다. 굳이

정부 주도하에 이런 걸 해야 하나 싶을 정도로 과정도 적고 운영도 미흡하지만, 관심있는 사람들이 체계적으로 교육을 받아 취업과 업무에 도움을 받을 수 있다면 응원할 만하다.

It's IT Trend 02

스마트 에듀의
현재

한국 에듀테크 스타
트업 30곳 총정리

에듀테크 기업의 목표는 '수준별 교육' '맞춤형 교육' 그리고 '저비용'의 3가지로 압축될 수 있다. 우리나라의 에듀테크 시장은 2010년 본격적으로 시작되었는데, 그 중 주목할 만한 몇 곳의 사례를 통해 살펴보자.

:: 산타토익

2014년 시작한 '산타토익'은 2018년 115억원 규모의 투자

를 유치하는데 성공했고, 유료서비스 출시 후 4개월만에 손익분기점을 넘겼다. 스마트폰에서 토익문제를 풀어볼 수 있는 서비스로 시작한 이 회사는 이제 단순한 문제출제 회사가 아닌 '인공지능' 회사라고 할 수 있다. 누적 다운로드 수 50만건, 가입회원 수 32만명, 총 7,100만건의 학습데이터를 바탕으로 학습자가 맞출 만한 문제는 빼고 틀릴 확률이 높은 문제 중 점수가 가장 많이 오를 순서대로 문제와 강의를 제공해 공부할 수 있게 했고, 그 덕분에 실제 사용자들의 점수를 올리는데 도움을 주고 있다. 산타토익은 이제 토익 외에 다른 객관식 시험에도 적용할 수 있을 정도의 역량을 갖추게 되었다.

"에듀테크 시장 혁신…산타토익은 첫 단계"

:: 바로풀기

학습자들의 데이터를 바탕으로 맞춤형 문제를 해결할 수 있게 한 또 하나의 회사는 '바로풀기'다. 2012년 모르는 '수학문제'에 대해 질문하고, 답을 아는 사람이 '답'을 해준다는 아이디어로 시작한 이 서비스는 60만 회원 수와 500만개의 수학문제 데이터를 가지고 있다. 더군다나 양질의 답을 올리게 하

기 위해 1문제당 5분이라는 대학생 봉사시간의 인정, 7~8년 전의 저사양폰에서도 사용가능한 편의성을 바탕으로 성장했다. 모르는 문제에 대해서는 직접 영상을 보고 확인할 수 있도록 '바풀 영상'도 제공하는 등 다각도로 성장하는 기업이었다. 2017년 말 네이버의 자회사 라인플러스에 32억원에 인수된 후 현재 사이트가 닫혀 있는데, 2019년에 새로운 서비스로 다시 시작할 것으로 예상된다.

이런 에듀테크 기반 기업들의 공통점은 일단 무료로 빅데이터를 수집한 후 개별화·맞춤화 강의를 지원하고, 커뮤니티를 형성한다는 데 있다.

작은 기업들이 소프트웨어적으로 접근한다면 대기업들은 하드웨어적으로 전체 시장을 장악하려 한다. 대표적인 기업은 구글, 애플, MS다.

:: 구글

구글의 움직임 속에서 변화하는 학교의 일상

글로벌 기업들 역시 교육에 많은 신경을 쓰고 있다. 구글의 '크롬북'은 교육용 앱 '구글 클래스룸'으로 다시금 주목받고 있다. 수업자료와 일정 확인이 가능하고, 과제는 '구글닥스'로 작성해 제출하게 하고 있다. 사실 크롬북은 성인들이 사용하기에는 애매한 포지션이다. 금액이 저렴하다고는 하지만 OS가 크롬으로만 돌아가니 왠만한 프로그램을 사용할 수 없다. 그런데 이게 교육분야에는 장점으로 나타났다. 크롬북의 부팅속도는 평균 7초로, 수업시작과 함께 바로 강의를 진행할 수 있다.

애플의 아이패드, MS의 윈도우 기반 PC와의 경쟁력은 바로 가격인데, 300달러 정도의 금액은 경쟁자인 애플과 MS를 뿌리치기에 충분했다. 우리나라도 2017년 말 경기도와 제주도 교육청에 180대의 크롬북이 공급되었다. 이렇게 학생 때부터 구글 크롬북을 사용하던 아이들이 성인이 될 때는 어떻게 될까? 당연히 크롬북에 대한 거부감은 줄어들 수밖에 없다. 구글이 아이들 교육에 힘을 쏟는 가장 큰 이유 중 하나다. 덕분에 2017년 현재 구글의 12세 이하 교육용 디바이스 보급률은 60%를 넘어섰다.

:: 애플과 MS

2018년 초 애플에서 최초로 '저가형 아이패드'가 출시된 데에는 이런 배경이 있다. 물론 '저가'라고 하지만 애플의 가격정책이 있기에 저가는 아닌 329달러약 35만원 정도로 책정되었다. 여기에 애플 펜슬은 별도로 구매해야 하니 금액은 더 올라간다이 부담을 줄이기 위해 로지텍의 Crayon 49달러 스타일러스 펜을 사용할 수 있도록 했다. 교사를 위한 앱everyone can create뿐 아니라 아이들을 위한 스토리지 용량도 대폭 늘리는 등 다양한 방법으로 교육을 지원하고 있지만 역시 가격의 벽을 넘기에는 힘들었다.

가격의 벽을 깨트린 건 MS도 마찬가지다. MS는 2018년 저가형 태블릿 '서피스 고'를 공개했다. 하지만 애플이나 MS 모두 자기 입장에서 '저가'일 뿐 399달러의 금액에 스그니처 타입커버키보드 커버와 서피스 펜을 별도로 구매해야 하니 금액은 더 올라가 크롬북을 잡기에는 역부족이었다.

2019
스마트 에듀 예측

2019년에도 개인의 학습을 도와주는 '산타토익' '튜터링'과 같은 개인 학습 서비스가 꾸준히 인기를 끌 것이다. 특히 주 52시간 근무제 덕분에 퇴근 후 '배울거리'를 찾는 사람들이 늘어나고 있다. 백화점 '문화센터'들의 매출이 올라가는 건 이런 이유에서다.

'1인 기업이나 퇴사에 대해 함께 고민하실 분 있으신가요?'라는 글을 올린 후 바로 모임이 시작된 '월간서른'은 교육에서 '모임'으로의 변화를 알려주는 좋은 예다. 또 책을 쓴 저자들에게서 책보다 삶에 대한 좀 더 깊은 내용을 들어보고 독자들과 이야기를 나누는 '산책' 역시 매월 진행되는 새로운 형식의 모임이다. 이처럼 자신과 비슷한 사람들의 조금 다른 이야기를 듣고 조금 더 달라진 삶을 살고 싶다는 사람들의 니즈가 많아지며 다양한 모임이 예전보다 더 빠른 속도로 늘어나고 있다.

동영상
월간서른

이를 종합해 이야기할 수 있는 키워드는 '체험'이다. 이론이 아닌 체험을 같이하고 '인사이트'를 얻을 수 있는 쪽으로 유아 교육과 성인교육 시장은 움직이고 있다. 이를 잘 보여주는 곳 중 하나가 국내 최초 중국 비즈니스 학습여행을 진행하는 '만나통신사'다. 단순 관광이 아닌 직접 중국의 삶 속으로 들어가 참여해 보는 경험을 파는 곳으로, 앞으로 '경험 여행'은 하나의 트렌드가 될 것으로 보인다.

만나통신사

:: 앞으로 10년, 변하지 않을 것은?

처음에 이야기했던 바와 같이 기술적인 교육은 해마다 새로워지고 있다. 하지만 본질은 변하지 않는다. 강의를 하다 보면 제일 많이 받는 질문이 '아이에게 스마트폰을 쓰지 말라고 했는데, 이제라도 줘야 할까요?' '우리 애는 디지털에 관심이 없어서 걱정이에요' 등이다. 이에 대해 답을 주기는 하지만 아직 가보지 않은 미래이기에 내가 하는 말이 모두 정답일 수는 없다. 하지만 확실한 건 코딩이 필요하다고 해서 모두가 코딩을 공부할 필요는 없고, 모두가 인공지능을 연구한다고 해서 나에게 맞지 않는 것을 억지로 공부할 필요는 없다는 점이다.

우리는 모두 경험으로 알고 있다. 어릴 적 열심히 BASIC과 COBOL을 공부했지만 정작 업무에 필요한 파워포인트가 마음에 들지 않는다고 해서 소스를 고쳐서 사용하지는 못한다는 것을 말이다. 다만 기본적으로 컴퓨터가 어떻게 작동하는지를 제대로 알면 그 다음은 충분히 활용해서 적용할 수 있다. 4차 산업혁명의 시대 역시 마찬가지다. 중요한 건 디지털의 흐름을 읽어내는 능력인 '디지털 문해력'이다.

시스템이 돌아가는 작동원리에 대해 질문을 던지고 찾아보는 건 이미 오래 전부터 있어 왔던 교육이다. 10년이 지나도 교육을 통해 꼭 배워야 하는 것은 문제가 무엇인지 정의하는 '문제 정의력'과 가장 적절한 해결책을 찾아내는 '문제 해결력'이다. 이를 위해 앞서 이야기한 '맞춤형 교육' '저가'라는 건 변하지 않는다. 자신에게 딱 맞는 교육을 배우고 싶고, 이왕이면 저렴하면 좋겠다는 사람들의 심리는 앞으로도 그럴 것이다.

덴보스의 '내맘대로 교실'

덴보스의 '내맘대로 교실'의 사례는 '어제의 것을 가르치지 말라' '학교의 미래에 정답은 없다'라는 두 가지를 알려주고 있다. 사회 전체의 교육 그리고 내 아이, 나 자신의 교육에도 꼭 필요한 부분이니 관련 기사를 정독해 보자.

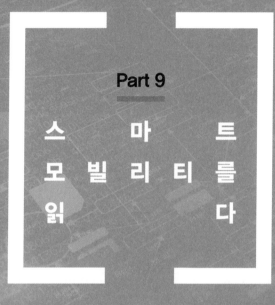

Part 9

스　　마　　　트
모　빌　리　티　를
읽　　　　　　다

스마트
모빌리티

스마트 모빌리티는 개인화된 탈 것을 이야기하는 '퍼스널 모빌리티'와 버스·기차 등의 대중화된 탈 것인 '대중교통' 그리고 '자동차' 등 3가지로 구분할 수 있다. 2018년 스마트 모빌리티에 어떤 일들이 일어났는지 살펴보자.

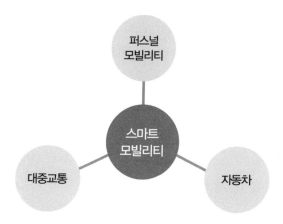

:: 퍼스널 모빌리티

한국교통연구원의 자료에 따르면 퍼스널 모빌리티의 판매량은 2016년 6만대에서 2017년 75,000대까지 늘어났다. 2022년에는 20만대까지 늘어날 것으로 예상되는데, 이에 대한 법규 정비가 필요한 상황이다. 대표적으로 '전동킥보드'의 경우 현행법상 원동기장치자전거로 분류되기 때문에 자동차 전용도로에서만 타야 한다. 인도에서도 못타고, 자전거도로에서도 탈 수 없다 보니 2017년 한 해에만 117건의 전동킥보드 사고 중 58건이 자동차와 부딪혀 사고가 났다. 이에 대해 2018년 9월 정부의 '현장밀착형 규제혁신 방안'이 발표되어 2019년 6월에는 퍼스널 모빌리티에 대한 규제 개선안이 나올 예정이다.

'사람잡는' 전동 킥보드...2017년 교통사고 117건 발생

페달보조방식의 전기자전거는 다행히 2018년 3월부터 자전거도로를 달릴 수 있도록 법이 개정되며, 삼천리와 알톤 등의 자전거회사들은 전기자전거 신제품들을 내놓기 시작했다. 문제는 전기자전거와 관련된 법이 통과되면서 포함된 일반 자전거를 탈 때 '헬멧 의무화' 규정이다. 자전거를 탈 때 헬멧을 써야 하는 건 안전상의 문제이니 어쩌면 당연한 일이다. 그런데 서울시 등 지자체에서 활발하게 운영하고 있는 공유자전거의 경우 잠깐 빌려타고 반납할 수 있는 게 장점인데 헬멧을 써야 한다면 불편할 수밖에 없다. 서울시에서 무료로 헬멧을 대여해 주는 서비스를 두 달 동안 시험운영한 결과 헬멧 대여는 1,605명 중 3%에 해당하는 45명이 이용했고, 헬멧은 1,500개 중 23.8%인 357개가 분실되며 서비스를 중단했다. 무엇보다

자전거 헬멧 의무화 5일째...'묻지마 규제'가 낳은 혼란

남이 쓰던 헬멧을 쓴다는 게 싫었고, 부피가 큰 헬멧을 항상 가지고 다녀야 한다는 부담감이 컸기 때문이다. 이런 이유 때문에 시민들의 반대가 많아지자 결국 안전모 착용조항은 의무가 아닌 착용을 장려하는 성격으로 개정될 예정이다.

대여소는 지하철 출입구, 버스정류장, 주택단지, 관공서, 학교, 은행 등 생활내 통행장소를 중심으로 설치되어 운영중에 있습니다.

서울자전거의 대여와 반납이 무인으로 이루어지는 정류장 형태의 공간을 대여소라고 합니다.

대여소는 주변 생활시설에 접근 및 시민들의 이용이 편리한 장소를 중심으로 설치되어 운영 중에 있습니다.

서울자전거 이용자는 장소에 구애받지 않고 대여소가 설치된 곳이면 어디에서나 자전거를 대여하고 반납할 수 있습니다.

공유자전거처럼 개인화된 탈 것을 '소유'하지 않고 '빌려' 쓰는 사업은 지속적으로 성장하고 있다. 전 세계적으로 유명한 공유자전거회사는 중국의 '모바이크'와 '오포'다. 근처에 있는 자전거를 앱으로 간편하게 확인해서 잠금해제하고 이용한 후 아무 곳에나 반납해도 되는 장점이 있다. 이 서비스는 국내에도 도입되어 '오포'는 부산에서 '모바이크'는 수원에서 각각 서비스를 시작했다. 국내 업체로는 2018년 1월 정식 서비스를 시작한 '지바이크'가 있는데, 송파구·건국대학교·판교·제주도 등에서 300대 이상의 자전거가 운행되고 있다.

하지만 공유자전거의 단점으로는 반납이 자유로운 경우 제대로 된 장소에 반납되지 않는다는 것이다. 실제로 영국 멘체스터에 진출한 모바이크는 계속되는 도난과 파손으로 인해 사업을 철수했다. 국내 수원에서도 아파트 지하주차장이나 인적

동영상
길 한가운데 반납?
...공유 자전거·킥보드 '얌체족'

이 드문 공원 한 구석에 모바이크가 놓여있는 모습을 자주 볼수 있다. 중국 현지의 모습도 만만치 않다. 이는 모바이크뿐 아니라 공유자전거 업체 모두가 안고 있는 고민이다.

　공유자전거의 뒤를 이어 뜨는 시장이 있다. 바로 공유킥보드다. 2018년 6월 미국 전동킥보드 스타트업 '버드'가 3억달러 규모의 투자를 받았다. 서비스 운영방식은 기존의 공유자전거와 같다. 앱으로 근처에 있는 킥보드를 확인한 후 잠금을 해제하고 타다가 반납은 자유롭게 아무 곳에나 하면 된다. 방전의 위험은 사용자가 충전을 해줄 경우 시간당 5달러를 적립해 주는 형태로 운영되고 있다. 국내에서도 올룰로에서 운영하는 공유킥보드 '킥고잉'이 강남 일대에 런칭되었다. 공유킥보드 시장도 이제 시작이기 때문에 앞으로 더 성장할 가능성이 있다.

　다만 공유자전거에서 보였던 문제점들이 공유킥보드에서도 나타났다. 대표적으로 샌프란시스코에서는 너무 많은 공유킥보드들로 인해 도시의 미관은 물론 안전에도 영향을 미치

동영상
전동킥보드 공유 서비스

차 막히는 구간, 전동킥보드로 달리세요 '올룰로'

기 시작하자 시민들의 반대가 이어졌고, 결국 일시금지에 처해
졌다. 하지만 이런 문제점들이 발견되는 건 긍정적인 일이다.
문제는 해결하면 되기 때문이다.

공유킥보드 공유 서
비스 실패 사례로 배
울 수 있는 교훈

　퍼스널 모빌리티는 바로 목적지까지의 최소거리를 이동
할 수 있는 도구이다 보니 이동수단 중 가장 필요한 부분이다.
그렇다 보니 이 시장에 눈독을 들이는 건 대기업도 마찬가지
다. 우버는 2018년 2월 전기자전거 공유기업 Jump를 인수해
'Uber Bike'의 런칭을 준비하고 있다. 단거리를 이동하는 데에
는 차량 호출보다 스마트 모빌리티가 적합할 수도 있다는 데
에서 나온 시도다.

:: 대중교통

2018년 10월, 사람들을 놀라게 한 뉴스가 나왔다. 바로 초

동영상
'비행기보다 빠른 열
차' 하이퍼루프의 모
든 것

고속 이동수단 '하이퍼루프'의 실물이 공개된 것이다. 하이퍼
루프를 개발 중인 '하이퍼루프 트랜스포테이션 테크놀로
지ᴴᵀᵀ'는 시제품 '킨테로 원'을 공개했다. 2013년 엘론 머스크
가 로스엔젤레스에서 샌프란시스코까지 30분만에 달릴 수 있
도록 하겠다는 아이디어였던 '하이퍼루프'가 드디어 현실이 되
고 있다. 원리는 의외로 간단한데 출발지에서 도착지까지 거대
한 튜브ᴴᵘ를 만들고, 이 안에는 약간의 공기만 흐르게 한다.
그 안에 탑승수단을 놓고 달리게 되면 마찰열이 극도로 줄어
든 상태이기 때문에 시속 1,000km 주행이 가능하다. 2019년
상용화될 계획으로, 자동차와 비행기를 뛰어넘는 새로운 이동
수단을 실제로 만나게 될 날이 멀지 않았다.

이 새로운 이동수단에 대한 연구는 미국뿐 아니라 전 세계
에서 하고 있고, 우리나라 역시 예외는 아니다. 2018년 5월 한
국철도기술연구원은 하이퍼루프의 핵심인 '튜브'의 자체 개발
에 성공했는데, 이 사업이 제대로 이어진다면 부산에서 출발해

유럽까지 빠른 속도로 여행하는 날이 생각보다 더 빨리 오게 될지 모른다.

:: 공유자동차

자동차는 인류의 위대한 발명 중 하나다. 다만 대부분의 시간을 주행이 아닌 주차에 쓰고 있다는 게 함정이다. 이를 해결하는 방법으로 자동차의 소유를 줄이고 공유가 늘어나게 되면 공해는 물론 도시의 운영도 좀 더 스마트해질 수 있다. 스마트 시티의 핵심이다.

공유자동차는 크게 카풀과 같이 이동수단을 공유하는 '승차 공유'와 자동차 자체를 빌려쓰는 '차량 공유'로 구분할 수 있는데, '승차 공유'는 법적 문제가 해결되지 않아 '차량 공유' 시장이 먼저 활성화되었다.

2012년 차량 100대로 시작한 쏘카는 2018년에는 공유차량 1만대, 회원 400만 시대를 열었다. 전국에 4,000개 이상의 쏘카존을 만들며, 서울 지역에서는 5분 거리에 존이 있을 정도로 편의성을 더했다. 10월에는 '승차 공유' 형태인 한국형 우버 '타다' 서비스가 시작되었다. '타다'는 이동수단의 공유가 국내에서는 어렵다는 공식에 대한 도전이기도 했다. 승합차와 고급 택시 사업자를 기준으로 시작되는 서비스라 법적으로 문제가 될 것이 없다는 게 '타다'의 입장인데, 역시 택시업계의 반발은 만만치 않았다. 다만 카카오의 '카풀' 서비스에 대해 반발과 관심도가 높아지며 오히려 '타다' 서비스는 안정적으로 점유율을 올리는데 성공했다. 뿐만 아니라 쏘카는 2018년 11월 자율주

동영상
타다 서비스 소개 영상

동영상
카카오택시를 규탄하는 날, '타다'가 날다

행차를 기반으로 한 '카셰어링'을 시연해 앞으로 쏘카가 보는 미래의 모습 중 하나는 우버, 구글의 웨이모와 같은 자율주행 카셰어링임을 보여줬다.

현대의 미래차 열정..AI 스타트업에 또 투자

공유자동차 시장에 대한 자율주행도 끊임없이 연구·발전되고 있다. 가장 적극적인 곳은 현대와 SK, 롯데 등의 대기업들이다. 현대는 미국의 모빌리티서비스 전문업체 '미고'에 전략적 투자를 했고, 네덜란드 암스테르담에서는 아이오닉 EV를 활용한 카셰어링 사업 진행, 인도의 카셰어링업체 '레브'와 제휴 등 다양한 곳에 투자를 하고 있다. SK는 2015년부터 쏘카에 590억원을 투자해 20%의 지분을 확보한 상태다. 또 2018년에는 '경차 자율주행 임시면허'를 취득하고 SKT와의 자율주행 카셰어링 연구를 하고 있고, 9월에는 AJ렌터카를 인수하는 등 관련 투자를 활발하게 하고 있다. 롯데 역시 2015년 그린카의 지분을 47.7% 매입해 자회사로 편입한 후 사업을 확장해 나가고 있다. 2018년에는 인공지능 스피커 KT기가지니와 연계해 '그린카존 확인' '그린카 예약하기'와 같은 명령을 수행할 수 있도록 했다.

공유차량이 늘어날수록 이들을 주차하거나 충전할 수 있는 곳들도 늘어나는데, 이마트는 9개 지점 주차장에 '카셰어링 픽업존'을, CU 편의점 역시 20곳 이상을 그린카존으로 제공하는 협약을 체결했다. 앞서 이야기한 1인가구가 늘어나 차량의 소유 역시 줄어들게 되면 이들이 편하게 차량을 빌릴 수 있고 반납할 수 있는 거점과 쇼핑공간의 연결은 당연한 일이다.

:: 무인차 & 자율주행차

2018년 12월 드디어 구글의 무인자동차 '웨이모'가 상용화를 시작했다. 미국 애리조나주 피닉스 지역에 한정되어 있지만, 이제 완전 무인자동차를 택시처럼 불러 탈 수 있는 시장이 열린 것이다. 갑작스럽게 나온 건 아니다. 이미 웨이모는 2016년 구글의 프로젝트 부분에서 독립해 자회사가 된 이후 '자율주행기술을 상용화하고 제품을 만드는 것'이란 포부를 밝힌 바 있다. 이에 맞춰 2017년에는 피닉스 지역 인근 주민 약 400명을 대상으로 한 자율주행차 무료 프로그램을 운영했다. 2018년 7월 월마트와의 제휴를 통해서는 월마트 홈페이지에서 주문한 고객이 신청할 경우 웨이모가 가서 고객을 태워 월마트로 모셔오는 서비스를 하고 있고, 웨이모의 정비를 맡고 있는 오토네이션과는 오토네이션에 차량을 맡긴 고객에게 웨이모를 대여해 주는 서비스를 하고 있다. 엘리먼트호텔과는 투숙객을 위해 웨이모 제공 계약을 맺었다. 게다가 크라이슬러와는 5월 62,000대의 차량 계약을 체결하는 등 이미 만반의 준비를 끝내놓은 상태이다. 무료로 운영하는 것과 돈을 내고 이용하는 '상용화'는 여러 면에서 다르다. 구글의 이러한 행보가 앞으로 어떤 영향을 미치게 될지 기대가 된다.

다른 기업들의 움직임 역시 바쁘다. 일본 혼다는 미국 GM과 자율주행차를 공동개발하기로 했으며, 향후 12년간 GM의 자회사 크루즈홀딩스에 27억 5,000만달러를 투자하기로 했다. 2019년에는 운전대와 가속·정지 페달이 없는 자율주행차를 만들겠다고 선언했으니 2019년을 지켜봐야 겠다. GM은 2016

동영상
Hello from Waymo

웨이모, 월마트 쇼핑에 자율 주행차 제공 파트너십 체결

년 우버의 경쟁업체인 '리프트'에 5억달러를 투자한데 이어 차량공유업체 '메이븐'을 설립해 11개 도시에서 서비스를 하고 있다.

폭스바겐의 선언 역시 주목할 만하다. 2018하노버국제상용차박람회에서 폭스바겐의 상용차 브랜드 '트라톤그룹'이 내건 슬로건은 'We are transforming transportation우리는 운송체계를 바꾸고 있다'였다. 트라톤그룹에 속하는 '만트럭버스'는 플래투닝군집주행 차량기술을 선보였는데, 이 방식은 두 대의 트럭을 무선네트워크로 연결해 선두트럭의 운전자가 주행하면 뒷 트럭은 10~15m의 거리를 두고 따라 주행하는 걸 말한다.

이 외에도 많은 자동차회사들이 2019~2020년을 기점으로 자율주행차를 내놓을 예정이다. 그리고 그 시작은 자율주행차량의 소유가 아닌 '이동수단'으로의 가치가 먼저일 것으로 보인다. 자율주행 택시와 버스, 그리고 이 중에서는 택시가 시작인 건 부인할 수 없는 현실이다.

한 대의 차도 내놓은 적이 없지만 해마다 관심을 받고 있는 애플은 무엇을 하고 있을까? 2014년 타이탄 프로젝트를 공개한지 벌써 4년이 지났다. 그런데 2017년 7월 중국계 직원이 기술유출 혐의로 FBI에 체포되며, 애플의 자율주행과 관련된 연구인력만 5,000명에 달한다는 소식이 전해졌다. 언제가 될지는 모르지만 애플이 '이게 진짜 미래차의 모습입니다'라며 새로운 차를 내놓을 한 방을 사람들은 기다리고 있다.

우버의 2018년은 우울했다. 3월 우버의 자율주행차량이 보행자를 치어 사망에 이르게 한 사건 이후 수백명의 테스트 운

자율주행기술 빼돌려 중국 업체 가려던 전 애플 직원 체포

전사를 해고하고 시범운행은 중단되었다. 2016년 해커로 인해 전 세계 5,700만명의 개인데이터가 도난당한 건에 대해 2018년 9월 1억 4,800만달러_{약 1,646억원}의 합의금을 지불하기로 미국 50개 주와 합의하는 등 크고 작은 문제들로 아직도 시끄러운 상태다. 하지만 일본 도요타는 8월 우버에 5억달러_{5,500억원}를 투자하며 공동기술개발에 나섰고, 우버는 9월 토론토에 짓는 자율주행차량 기술허브에 5년간 1억 5,000만달러_{약 1,700억원}를 투자하기로 발표하며 자율주행차 개발을 포기하지 않았음을 보여줬다.

우리나라 이통사들의 움직임도 활발한 한 해였다. SKT는 자율주행 경차의 임시주행허가를 받았고, KT는 2017년 국내 최초 25인승 자율주행버스의 운행허가, 2018년에는 45인승 대형버스에 대해 자율주행 운행허가를 받았다.

여기에 카카오모빌리티는 2018년 10월 커넥티드카 솔루션 기업 엔지스테크널러지와 업무협약을 체결해 커넥티드 네비게이션 소프트웨어는 물론 차량용 인포테인먼트 서비스 플랫폼을 통해 구글 '안드로이드 오토'와 애플 '카플레이'를 동시에 지원하는 서비스를 만들기로 했다. 카카오T에서 이동수단으로서의 자율주행차가 나오는 것도 시간문제다.

네이버 역시 2017년 IT회사로는 최초로 자율주행차 임시운행허가를 받은데 이어, 2018년에는 레이더카메라 등의 센싱기술과 전방감지용 장거리 레이더센서와 같은 자율주행차 핵심기술을 가지고 있는 만도와 자율주행기술 연구협력을 시작했다. 현재 네이버가 밝힌 자율주행기술은 레벨 4 수준이다.

우버, 5,700만명 정보유출에 미국서만 합의금 1,646억원 지불

이는 탑승자가 차량에 타고 아무 것도 하지 않아도 알아서 목적지까지 차량이 이동하는 수준이다. 여기에 차량을 호출해서 차가 혼자 알아서 길을 찾아오면 레벨 5 수준이 된다. 이때 차가 혼자 운행을 하게 되면 차 안의 사람들은 심심하니 뭔가를 해야 하는데, 이에 대한 서비스를 제공하는 걸 '인포테인먼트'라고 한다. 그리고 네이버는 이미 이를 잘 반영한 차량용 인포테인먼트인 '어웨이'를 2018년 일반용으로 판매를 시작했다. 이처럼 네이버는 자율주행차를 달리게 함과 동시에 차 안에서 무엇을 할 것인지에 대한 준비까지 함께하고 있어 참 바쁘다.

동영상
NAVER LABS

전기차의 현재

차세대 자동차 '전기차'에 대한 관심은 2018년에도 계속됐다. 친환경차라면 '수소차'도 있지만 전 세계에서 가장 큰 구매력을 자랑하는 중국이 전기차를 고수하는 한 아무래도 '수소차'가 시장을 장악하기에는 좀 더 많은 시간이 걸릴 것 같다. 2017년에 비해 2018년에는 어떤 일들이 벌어졌는지 글로벌 기업들의 현황과 국내에서 벌어진 일들을 정리해 보자.

:: 테슬라

2018년 테슬라의 주가는 롤러코스터 행보를 보였다. 엘론 머스크의 기행_{만우절 장난, 상장폐지 트윗} 때마다 주가가 떨어지더니 급기야 SEC_{증권거래위원회}의 고소로 13%나 하락했다. 이후 엘론 머스크가 의장 자리에서 물러나고 최고경영자의 자리는 유지한다는 말에 17%나 폭등하는 등 어수선한 모습을 보이고 있다.

테슬라 주가 또 급락

모델X 운전자 사망,
수 차례 경고 무시하
고 손 떼고 있었다

2018년 3월에는 테슬라의 모델X가 중앙분리대를 받은 후, 뒤따라오던 두 대의 차량과 추돌하며 탑승자가 사망하는 사건이 발생했다. 오토파일럿_{자율주행} 중 일어난 사고라 부정적인 여론이 컸다. 하지만 테슬라에서 자체분석한 결과 운전자에게 수차례 경고를 했지만 사고 직전까지 운전자가 운전대를 잡지 않았다는 사실이 알려지며 무마되었다. 그리고 9월에는 모델X가 주행하던 중 불시착한 경비행기와 충돌했으나 차량은 크게 파손되지 않았고 운전자 역시 '테슬라가 내 생명을 구했다'고 말한 사실이 전해지며 테슬라에게 이득이 되었다. 이래저래 테슬라는 사건·사고의 중심에 있다.

모델3 생산에 쫓긴
테슬라, 텐트공장서
차량 조립

다행스럽게도 테슬라는 2018년 3분기에 35,840대의 '모델3'를 고객에게 인도하며 전기차의 생산은 본 궤도에 올랐다. 2017년 생산량을 맞추지 못해 역대 최악의 실적과 생산 차질로 문제가 됐던 것에 비하면 괄목할 만한 성과다. 이는 2018년 6월 축구장 2개 크기의 천막 공장까지 지어 첨단 로봇이 아닌

사람이 직접 조립을 하며 생산량을 늘린 노력이 있었기에 가능했다.

이런 매출 상승세가 계속된다면 2019년 테슬라의 앞날은 밝을 수밖에 없다. 다만 GM캐딜락의 자율주행시스템 '수퍼크루즈'가 테슬라의 '오토파일럿'을 제치고 시스템 안정성 1위에 올랐으며, 일본 닛산의 '프로파일럿', 볼보의 '파일럿 어시스트'가 뒤를 바짝 쫓고 있어 테슬라의 걸음 역시 빨라지고 있다.

:: 중국의 BYD

중국은 무섭다. 세계 최대의 전기차 수요국이면서 자국산업의 보호라는 보이지 않는 만리장성을 쌓고 있어 더 무섭다. 2017년 글로벌시장에서 친환경차_{전기차, 수소차, 하이브리드차} 판매량 1위는 중국의 BYD다. 2위 역시 중국의 베이징자동차가 차지했다. 3위에 이르러서야 테슬라가 나온다. 이처럼 중국은 전기차 시장에서 판매는 물론 생산도 전 세계를 앞서고 있다. 닉 버틀러 교수가 파이낸셜타임스에 기고한 '전기자동차의 미래는 미국이 아닌 중국에 달려 있다'라는 말이 과언이 아니다.

BYD는 세계 2위의 자동차 배터리 제조업체이기도 한데, 2018년에는 중국 북동부 칭하이성에 축구장 450개 크기인 100만㎡ 규모로 배터리 생산공장을 넓혔다.

BYD는 우리나라 전기차 구매보조금 지급대상 차량으로 선정되기도 했다. 2018년 8월 대전에서 시범운행하는 전기버스와 제주도 우도의 전기버스 모두 BYD의 버스이다. BYD는 이를 시작으로 제주도 전체를 BYD의 전기차로 운행되도록 하는

전기자동차의 미래는 미국 아닌 중국에 달렸다

中 BYD 왕촨푸 회장 "제주를 전기차 거점으로"

게 목표라고 밝히기까지 했다.

2018년 6월에는 8만위안약 1,340만원에 불과한 소형 SUV 전기차 비야디 위안 'EV360'을 출시했다. 국내에서 출간되는 소형 전기차가 1,000만원대인데, 소형 SUV와는 크기 면에서 확연히 다르다.

초저가 1천만원대 SUV 전기차 나왔다 BYD EV360

:: 중국의 지리자동차(GEELY)

벤츠 제조사 최대주주 오른 중국 지리차... 테슬라와 전기차 경쟁

자동차 관련업에 종사하는 사람이 아니라면 잘 모르는 회사가 '지리자동차'다. 중국 저가 자동차시장의 대표 브랜드인 지리자동차는 2010년 볼보의 지분 100%를, 2018년에는 벤츠의 모회사인 다임러의 지분 9%를 인수하며 다임러의 최대주주가 된 회사다. 이후 다임러와 지리는 합작회사 형태로 중국 카셰어링 시장 진출을 논의하고 있다. 2017년 중국 판매 실적은 125만대로 1위를 차지했고, 2018년 말에는 1회 충전 후 주행거리 310km를 달릴 수 있는 전기차 'KE'를 출시했다.

다임러를 인수한 방법이 재미있는데, 2017년 말 지분 5%를 사겠다고 했으나 거절당하자 지리자동차는 90억달러를 투입해 주식시장에서 지분을 사모아 결국 9.68%를 사는데 성공하여 최대주주가 되었다. 이렇게 다양한 회사들을 인수하여 '관련 기술'을 얻게 되면서 기술 우위와 안정성을 가지고 도약하는 지리자동차의 더 빠른 진격이 예상된다.

:: 국내 전기차 시장의 확산

2018년 한국환경공단에서 발표한 자료에 따르면 전기차는

2014년 2,907대에서 2017년 13,826대로 성장했다. 이에 따라 충전소도 전국 7,232곳으로 늘었다. 문제는 완속으로 전기차를 충전할 경우 완전충전을 위해서는 9시간이 걸리고, 급속충전 역시 1시간 30분 정도가 소요된다. 따라서 전기차가 보급되기 위해서는 충전소의 증가와 충전시간 단축이 필수다. 이를 해결하기 위해 현대차는 원하는 시간과 장소에 직접 찾아가 전기차를 충전해 주는 서비스를 내놓았고, 이마트는 전기차 충전소 '일렉트로 하이퍼'를 이마트 속초점을 비롯 매년 30개씩 늘려 2021년까지 이마트 140개점 및 그룹 영업점에 1,100개의 충전기를 구축하겠다고 했다. 정부 역시 2022년까지 전국 전기차 충전소를 1만곳으로 늘리겠다는 목표를 제시했고, 각 지자체별로 충전소를 늘리고 있어 시간이 갈수록 충전소 부족은 해소될 것으로 보인다.

전국 이마트 주차장 '모빌리티 플랫폼'으로 변신한다

국내에서 눈에 띄는 건 2017년부터 시작된 초소형 전기차 시장이다. 르노삼성의 '트위지'가 들어온 이후 대창모터스의 '다니고' 등 다양한 초소형 전기차 시장이 열렸다. 하지만 2018년 '트위지' 실적은 아쉬웠다. 미래형 디자인으로 주목받았지만 실제 판매량은 1,200대를 넘지 못했다. 에어컨과 히터가 없는 데다가 창문까지 없다 보니 소비자의 눈높이를 맞추기에는 역부족이었다. 트위지의 아쉬움을 개선한 대창모터스의 '다니고'는 티몬을 통해 300대 완판 등 기대를 모았지만 역시 아쉽게도 판매량은 1,000대를 넘지 못했다.

중국 쯔더우에서 생산을 맡고 쎄미시스코가 판매를 맡은 전기차 'D2'는 판매처로 이마트와 인터파크를 택했다. D2는 2인

승으로 일반 승용차처럼 두 명이 나란히 앉을 수 있는 게 특징이고, 트렁크는 골프백 2개를 실을 수 있을 정도로 넓어 편의성 면에서는 더 나아보인다. 가격은 2,200만원이지만 보조금이 있기 때문에 지자체에 따라 다르지만 서울은 1,450만원 정도에 살 수 있다.

2025년까지 1만대의 전기차를 도입하기로 한 우정사업본부와 기타 많은 물류회사에서 꾸준하게 관심을 가지고 있기 때문에 2019년에는 우리 주변에서 소형 전기차를 좀 더 많이 만날 수 있을 것 같다.

2019
스마트 모빌리티 예측

스마트 모빌리티 시장의 2019년은 4가지 포인트에서 봐야 한다.

첫째, 전동킥보드의 법규 개정이다. 자전거도로의 주행이 가능하게 될 경우 전동킥보드 시장은 지금보다 2배 이상 활성화될 것으로 보인다. 전동킥보드 시장이 활성화되면 액세서리 등 관련된 시장도 함께 늘어날 것이다.

둘째, 초소형 전기차 시장의 약진이다. 2017년이 준비단계이고, 2018년은 시작이었다. 제대로 된 시장이 열리는 건 충전소의 확대와 정말 탈 만한 소형 전기차가 나오는 2019년이다. 르노삼성의 트위지, 대창모터스의 다니고, 중국산 D2 외에도 캠시스의 쎄보-C 등 초소형 전기차들이 준비 중에 있다.

셋째, 무인차 시장의 확대다. 앞서 이야기한 웨이모의 유료 서비스는 자율주행차량을 만들어 테스트를 하고 있는 많은 회

경기도 자율주행차
'제로셔틀' 국내 최초
일반인 시승

사들을 긴장하게 하고 있고, 기술 발전을 재촉할 것으로 보인다. 그렇다면 2019년에는 다른 회사들도 무인+상용화를 이야기하지 않을까? 세계가 이렇게 바쁘게 돌아가고 있는 지금, 우리나라에서도 '제로셔틀'이 일반도로에서 시민들을 태우고 달리는데 성공했다. 조금씩, 하지만 확실하게 국내에서도 자율주행 무인차를 위한 지원과 개발이 늘어날 것으로 예측해 본다.

마지막으로 '승차 공유' 시장의 변화다. 2018년 말 시작된 카카오의 카풀과 VCNC의 타다, 이 두 서비스가 시장을 흔들고 있다. 여기에 더해 KST 모빌리티에서 내놓은 마카롱택시가 변화를 가속화시키고 있다. 마카롱택시는 사납금 없이 월급제와 고객의 서비스 평가를 통한 인센티브제를 도입한 게 특징이다. 이뿐 아니라 승차거부가 없고, 난폭운전이 없고, 고객에게 말을 걸지 않고, 네비게이션대로만 운전하며, 차량에는 와

"택시기사가 웃어야
소비자도 웃는다"…
마카롱택시

이파이와 충전기는 물론 좋은 향기까지 풍긴다.

그동안 카풀과 타다 등의 승차 공유시장에서는 택시 이용의
불편함을 바탕으로 고객의 지지를 받아 성장했는데, 택시는 그
대로이나 서비스 자체가 바뀌면 어떻게 될까에 대한 답을 내
놓은 게 마카롱택시다. 2019년 승차 공유시장의 변화와 택시
업계의 자발적 변화가 기대된다.

:: 앞으로 10년, 변하지 않을 것은?

편하고 안전하며 빠른 이동 그리고 저렴한 가격, 이 세 가지
는 변하지 않는다. 스마트 모빌리티의 기본은 '이동성'이다. 누
구도 목적지까지 빠르게 이동하고 싶어 하지 느리게 이동하고
싶어 하지는 않는다여행지와는 다르다. 그러면서도 안전하게 이동
하고 싶어 한다불친절한 기사, 제어 불가능한 인공지능이 두려운 이유다. 마지막
으로 가격은 저렴한 걸 선호한다. 이는 차량을 소유가 아닌 대
여했을 때의 저렴함, 카셰어링 서비스의 저렴함, 퍼스널 모빌
리티의 저렴함 모두를 포함하는 개념이다.

중국의 현재는 우리의 미래다
5G 더 빠른 연결의 시대, 2019 IT 트렌드를 읽다

초판 1쇄 인쇄   2018년 12월 10일
초판 1쇄 발행   2018년 12월 20일

지은이   이임복
펴낸이   백광옥
펴낸곳   천그루숲
등 록   2016년 8월 24일 제25100-2016-000049호

주 소   (06990) 서울시 동작구 동작대로29길 119, 110-1201
전 화   0507-1418-0784   **팩스**   050-4022-0784   **카카오톡**   천그루숲
이메일   ilove784@gmail.com

인 쇄   예림인쇄 | **제 책**   바다제책

ISBN 979-11-88348-30-5 (13320) 종이책
ISBN 979-11-88348-31-2 (15320) 전자책

이 도서의 국립중앙도서관 출판예정도서목록(CIP)은 서지정보유통지원시스템 홈페이지(http://seoji.
nl.go.kr)와 국가자료공동목록시스템(http://www.nl.go.kr/kolisnet)에서 이용하실 수 있습니다.
(CIP제어번호 : CIP2018037765)